中国大运河文化传承研究

孙汝　著

中国华侨出版社

·北京·

图书在版编目（CIP）数据

中国大运河文化传承研究 / 孙汝著. -- 北京 : 中
国华侨出版社, 2024.4

ISBN 978-7-5113-9218-3

Ⅰ. ①中… Ⅱ. ①孙… Ⅲ. ①大运河－文化研究－中
国 Ⅳ. ①K928.42

中国国家版本馆CIP数据核字(2024)第024667号

中国大运河文化传承研究

著　　者：孙　汝
责任编辑：肖贵平
封面设计：朝夕文化
经　　销：新华书店
开　　本：710毫米×1000毫米　　1/16开　　印张：13.5　　字数：207千字
印　　刷：河北浩润印刷有限公司
版　　次：2024年4月第1版
印　　次：2024年4月第1次印刷
书　　号：ISBN 978-7-5113-9218-3
定　　价：58.00元

中国华侨出版社　　　北京市朝阳区西坝河东里77号楼底商5号　　　邮编：100028
发 行 部：（010）64443051　　传　真：（010）64439708
网　　址：www.oveaschin.com　　E-mail：oveaschin@sina.com
如发现印装质量问题，影响阅读，请与印刷厂联系调换。

前 言

中国大运河作为世界文化遗产,拥有深厚的历史文化底蕴。自古以来,大运河便扮演着南北交通枢纽的重要角色,作为一条人工河,为沿线城市的经济发展作出了巨大贡献。本书将全面概括中国大运河文化的方方面面,并通过深入研究、个案剖析和数据展示,回答一系列重要问题:为什么要研究中国大运河文化?这个研究能提供什么启示?能从大运河文化中借鉴到什么经验?怎样能够传承与发展这一宝贵的人类文明?

本书的撰写目的是唤起人们对中国大运河文化的关注和认识,同时为相关领域的研究者提供参考和借鉴。希望本书的出版,能够为保护和传承中国大运河文化贡献一份力量。本书共由九章构成,内容涵盖了中国大运河文化的传承、水工文化、建筑文化、园林文化、城市文化、文学艺术、非物质文化遗产、旅游文化以及在大运河国家文化公园景观建设中的应用。每章都从不同角度深入探讨了中国大运河文化的传承与发展问题。

第一章至第八章,分别从多个角度探讨了中国大运河文化的传承与发展问题。不仅提供了对中国大运河文化的深入理解，也展示了一些具体案例和方法，帮助读者更好地了解如何保护和传承这一重要的文化遗产。第九章则专门介绍中国大运河文化在大运河国家文化公园景观建设中的应用。该章详细探讨了中国大运河文化在景观建设中的应用方法和效果，展示了中国大运河文化的独特魅力和价值。

在本书的撰写过程中，尽可能收集和整理了相关的研究成果和资料，力图呈现给读者一个全面、客观、深入的中国大运河文化传承研究的现状和发展趋势。同时，也希望通过本书的出版，促进社会各界对中国大运河文化的认识和了解，激发大家共同参与中国大运河文化的保护和传承工作。

目 录

第一章

中国大运河文化的整体概览

2014年，中国大运河项目成功列入《世界遗产名录》，这一历史性举措标志着中国大运河文化的重要性和独特性得到了国际社会的关注和认可。作为世界上最长的人工河，中国大运河不仅有着深厚的历史底蕴和独特的文化魅力，更是一个具有全球影响力的文化遗产。

中国大运河文化，是指以大运河为主要载体，由古代中国人民创造、传承和演变的文化形态。涵盖了水利工程、水运交通、沿岸城市及流域人民的生产、生活和信仰等方面，既具有自然科学的属性，又具有人文社会科学的内涵。

一、中国大运河文化的承载体

中国大运河文化的承载体，就是中国大运河。作为世界上开凿最早、规模最大、里程最长的运河，中国大运河在几千年的历史长河中承载了丰富的文化内涵。

从开凿历史来看，中国大运河的起源可以追溯到春秋战国时期，距今已有2500多年的历史；从长度来看，中国大运河总长度为3200千米，这里计算的是隋唐大运河、京杭大运河和浙东运河主线部分的总长度减去其中重复部分后的长度。

在历史长河中，中国大运河经历了多次开凿和疏浚，形成了今天的格局。不同历史时期的开凿，不仅体现了当时的技术水平和社会需求，也反映了不同朝代的政治、经济和文化特点。从最早的邗沟到隋唐大运河，再到元明清时期的京杭大运河，中国大运河的历史演进与中华民族的发展紧密相连。

作为中国大运河文化的承载体，中国大运河具有重要的历史价值、文化价值和艺术价值。见证了中国古代水利工程技术的卓越成就，展现了中华文明的悠久历史和独特魅力。中国大运河还为沿岸城市的形成和发展提供了重要基础，孕育了丰富多彩的地方文化和民俗风情。

（一）中国大运河的概念与范围

1. 中国大运河概念的形成

中国大运河概念的形成有一个过程。公元前 486 年，吴国在邗沟的基础上开凿了京杭大运河的前身——邗沟运河。这一创举为后来大运河的修建奠定了基础。随着时间的推移，隋朝对运河进行了大规模的扩挖和连通，形成了以洛阳为中心的大运河。不仅促进了交通运输的发展，还加强了各地区之间的联系，推动了经济的繁荣和文化的交流。唐代时期，大运河得到了进一步的扩建和连通，形成了以长安为中心的大运河。长安作为当时的首都，是政治、经济和文化的中心，大运河的建设使得长安与其他地区的联系更加紧密，也为长安的繁荣发展提供了重要的支撑。北宋时期，由于都城南移，大运河再次得到扩建和改造，形成了现今京杭大运河的雏形。京杭大运河是中国最长的人工河，全长约 1794 千米，连接了北京和杭州两个重要城市。不仅方便了物资的运输和贸易的发展，也促进了沿线地区的经济繁荣和社会进步。

在 2006 年，我国正式公布了第六批全国重点文物保护单位和世界文化遗产预备名单。在这一名单中，仍然沿用了"京杭大运河"这一名称。随着申报世界遗产工作的不断推进，专家们逐渐发现，仅仅使用"京杭大运河"这一名称已经无法完全涵盖整个大运河的历史和文化价值。为了更准确地表达大运河的内涵，专家们提出了"中国大运河"的概念。

中国大运河是指穿越中国南北的大运河，包括隋唐大运河和京杭大运河。这一名称强调了运河的多样性和历史性，以及其对中国历史和文化的重要贡献。2008 年，扬州成立大运河保护和申遗城市联盟时，参与的城市共有隋唐大运河和京杭大运河沿线的 33 座城市。

从文化遗产发展的战略出发，专家们认为将浙东运河纳入中国大运河也行。这一提议得到了广泛的支持，并在 2009 年正式将浙东运河纳入中国大运河概念中。这样，完整的中国大运河概念才正式形成。通过提出"中国大运河"的概念，专家们希望能够更好地保护和传承这一重要的文化遗产，同时为申报世界遗产提供了更为全面和准确的依据。

2. 中国大运河的范围

中国大运河，作为世界上最古老、最长的人工水道之一，其范围涵盖了中国中东部地区的众多重要城市。包括我国的首都北京，以及天津、河北、山东、安徽、河南、江苏、浙江 8 个省级行政区的部分城市。中国大运河不仅是一条重要的交通运输线，更是一条连接了海河、黄河、淮河、长江、钱塘江等多条重要河流的水道。这些河流在中国的地理分布上具有重要的作用，各自承担着灌溉农田、供应水源、防洪排涝等多种功能。而中国大运河的存在，使得这些河流之间的联系更加紧密，为沿线地区的经济发展和人民生活提供更大的便利。

3. 中国大运河的组成河段

中国大运河，作为世界上最古老、最长的人工河之一，由 10 个河段组成。这些河段分别是通济渠段、卫河（永济渠）段、淮扬运河段、江南运河段、浙东运河段、通惠河段、北运河段、南运河段、会通河段和中河段。

通济渠段是隋唐时期南北大运河中较早开凿的河段之一，连接了洛阳和开封两个重要的城市，全长约 650 千米。可以追溯到 605 年，当时隋朝皇帝为了加强南北物资交流和政治经济中心的联系，决定开凿这条重要的运河。通济渠的建设对于当时的社会经济发展起到了重要的支撑作用。不仅促进了南北地区的贸易往来，还为政治和经济中心提供了便捷的交通通道。通过通济渠，南方的丰富农产品和手工艺品可以迅速运往北方，而北方的粮食和其他商品也可以顺利地运往南方。这种南北物资的交流不仅丰富了人们的生活，也推动了经济的繁荣。随着时间的推移，河道中的泥沙逐渐堆积，导致航道变窄，船只无法通行。此外，河流的水位下降也加剧了河道淤塞的问题，它逐渐失去了通航功能。尽管如此，通济渠仍然具有重要的历史和文化价值。它见证了中国古代运河建设的伟大成就，也是中国大运河的重要组成部分。如今，通济渠已经成了一处旅游景点，吸引着众多游客前来观光游览。人们可以在通济渠沿岸欣赏到古老的建筑和风景，感受到历史的厚重和文化的魅力。

卫河（永济渠）段是中国大运河的北段，全长约157千米，连接了天津和北京。始建于608年，是隋唐时期的重要运河之一，为当时的南北物资交流和政治经济中心提供了重要的支撑。卫河的河道在元代之后逐渐淤塞，至今已经失去了通航功能。在过去的几个世纪里，卫河曾经是南北贸易的重要通道，连接了北方的黄河流域和南方的长江流域，使得物资和商品能够自由流通。卫河的建设和发展对于当时的社会和政治格局都产生了深远的影响。为南北地区的物资交流提供了便利，使得各地的商品能够迅速流通，促进了经济的繁荣。卫河也成为政治和经济的重要支撑，为统治者提供了便捷的交通和资源供应。

淮扬运河段是中国大运河的重要组成部分，全长约170千米，连接了江苏省的淮安市和扬州市。其历史可以追溯到公元前486年，当时吴王夫差下令开凿，成为历史上最早的运河之一。淮扬运河在明清时期扮演着南北物资交流的重要角色，也是当时的经济和文化中心之一。为两地之间的贸易往来提供了便利，促进了经济的繁荣和发展。淮扬运河也成了文化交流的桥梁，吸引了许多文人墨客前来游览和创作。随着时间的推移，淮扬运河经历了多次修复和改造，以适应不断变化的需求。如今，它已经成了一条重要的水上交通通道，不仅用于货物运输，还成了旅游观光的热门景点之一。沿途风景秀丽，古建筑和文化遗产丰富多样，吸引着众多游客前来欣赏和探索。除了经济和文化价值，淮扬运河还对当地的生态环境产生了积极的影响，为周边地区提供了水源灌溉条件，促进了农业的发展。运河两岸的植被也为当地居民改善了生活环境。

江南运河段是中国大运河南段的一个重要组成部分，全长约330千米，连接了杭州和宁波两座重要的城市。可以追溯到公元前3世纪，当时为了将太湖流域和钱塘江流域连接起来，人们开凿了一条人工河，即江南运河。江南运河在历史上一直是江南地区的重要水道，对于当地的经济发展和文化交流起到了重要的推动作用。在过去，由于地理条件的限制，江南地区的交通并不便利，货物运输主要依靠陆路或者内河航运。而江南运河的开通，为货物的运输提供了一条更加便捷的通道，大大缩短了货物的运输时间，降低了运输成本，促进了商品的流通和经济的繁荣。

浙东运河段是中国大运河南段的重要组成部分，全长约239千米，连接了杭州和宁波两个重要城市。可以追溯到6世纪，当时为了将曹娥江和钱塘江连接起来，人们开凿了一条人工河，即浙东运河。浙东运河沿线拥有丰富的自然景观和文化遗址，成了浙江省的重要旅游资源之一。沿着运河两岸，游客可以欣赏壮丽的山水风光，清澈的河水倒映着周围的景色，给人一种宁静和舒适的感觉。尤其是在春季和秋季，运河两岸丰富多彩的花草树木，吸引了众多摄影爱好者前来观光拍摄。

通惠河段是中国大运河的北段，全长约20千米，连接北京和通州。它始建于1292年，由元代政治家郭守敬主持开凿，成为北京的重要水系之一。在元代之后，通惠河的河道逐渐淤塞，直到清代才得以重新疏浚。当时政府意识到河道淤塞对交通运输和经济的影响，决定进行大规模的疏浚工程。包括清理河道中的泥沙、拓宽河道、加固河岸等措施，以确保通惠河的畅通无阻。经过多年的努力，通惠河的河道得到了有效的疏浚和修复，恢复了其原有的功能和价值。通惠河已经成为北京城市发展的重要支撑之一。它不仅是一条重要的水上交通通道，还是沿岸居民生活的重要水源和景观资源。沿河两岸建有公园、文化广场等休闲娱乐设施，吸引了大量游客和市民前来休闲观光。通惠河也是北京市政府推动城市绿化和生态保护的重要举措之一。

北运河段是中国大运河北段的一个重要组成部分，全长约100千米，连接中国的两座重要城市——天津和北京。这条运河的历史可以追溯到1412

年，当时明朝政府为了促进南北地区的物资交流和经济发展，决定开凿这条重要的水道。北运河的开凿工程历时多年，耗费了大量的人力和物力。在明清时期，这条河道成了南北物资交流的重要通道之一。通过北运河，南方的农产品、手工艺品等物资可以顺利地运输到北方，而北方的煤炭、铁矿石等资源也可以方便地运往南方。这种南北物资的交流不仅促进了两地经济的发展，也加强了两地之间的联系和交流。

南运河段是中国大运河北段的一个重要组成部分，全长约436千米，连接了天津和德州两个重要城市。其历史可以追溯到1472年，明代开始开凿，成为华北地区的重要水系之一。南运河的河道在明清时期扮演着南北物资交流的重要通道的角色。由于其地理位置的优势，南运河成了连接北方和南方的重要交通枢纽。无论是农产品、工业品还是文化艺术品，都可以通过南运河进行运输和交流。这条运河的存在极大地促进了南北地区的经济繁荣和文化交融。

会通河段是中国大运河北段的一个重要组成部分，全长约130千米，位于山东省境内。它的历史可以追溯到1289年，元代开凿，成为华北地区的重要水系之一。会通河的河道在明清时期扮演着南北物资交流的重要通道的角色。这条河流连接了中国北方和南方的经济中心，为两地之间的贸易和文化交流提供了便利。通过会通河，北方的农产品、手工艺品和矿产资源可以顺利地运输到南方，而南方的丝绸、茶叶和瓷器等商品也可以迅速流通到北方市场。

中河段是中国大运河北段的一个重要组成部分，全长约179千米，位于江苏省境内。可以追溯到1399年，当时为了加强南北交通而开凿了京杭大运河苏北航段的中枢，也就是现在的中河段。作为苏北地区南北向水上交通的重要枢纽，中河段承担着重要的运输任务。中河段的地理位置优越，连接了江苏北部的各个城市和地区。它的起点位于徐州市，经过宿迁、淮安等地，最终汇入洪泽湖。沿途经过的城市和地区包括徐州、宿迁、淮安等，这些地方都是苏北地区的重要经济和文化中心。中河段的建设和发展对于苏北地区的经济繁荣起到了重要的推动作用。为当地的货物运输提供了便捷的通道，促进了物资的流通和贸易的发展。

中国大运河各个河段在中国历史上扮演着重要的角色，不仅促进了南北地区的物资交流和人员流动，也为中国的经济发展和文化传承作出了重要贡献。

（二）中国大运河的发展工程和大运河文化的形成过程

中国大运河的发展工程和大运河文化的形成过程可以追溯到公元前 5 世纪的春秋时期。这个伟大的水利工程在经历了两千多年的持续发展与演变后，至今仍然在中国的交通和水利领域发挥着重要的作用。中国大运河的主体工程主要集中在三个时期。一是春秋战国时期（公元前 5 世纪至公元前 3 世纪），在春秋战国时期，各诸侯国为了争夺领土和资源，经常发动战争。吴国为了扩大自己的势力范围，决定向北扩张，与齐国展开了一场激烈的争斗。为了确保战争的胜利，吴国决定开凿一条新的水道，以方便军队和物资的运输。吴国开始了一项浩大的工程——开凿邗沟。邗沟是一条人工河，全长 100 多千米，起于扬州附近的长江边，向北穿过淮安市区，最终注入淮河。这条运河的开凿并非易事，需要投入大量的人力和物力。为了达到军事目的，吴国不惜花费巨大的人力、物力和财力，最终成功地完成了邗沟的开凿。邗沟的开凿对于吴国来说具有重大的战略意义，不仅为吴国的军队和物资运输提供了一条快速、安全的通道，还在一定程度上改变了南北地区的地理格局。在此之前，长江和淮河没有直接的水上联系，而邗沟的开凿填补了这个空白，使得吴国能够通过水路直接将军队和物资运送到淮河流域，为战胜齐国奠定了坚实的基础。更为重要的是，邗沟作为中国大运河的前身，为中国大运河的形成和发展奠定了基础。后来的中国大运河虽然经过了多次修缮和扩建，但最初的雏形就是邗沟。因此，可以说邗沟的开凿是中国大运河的发源点，也是中国水运历史上的一个重要里程碑。二是隋朝时期（7 世纪初）。中国历史进入南北朝时期以后，南北方政治、经济和文化发展出现了不平衡的现象。南方地区成了经济中心，而北方则因为战乱和自然灾害等原因，经济发展相对滞后。为了连通南方经济中心和满足北方的军事需要，隋朝开始了一项伟大的工程——开凿京杭大运河。开凿京杭大运河的目的是加强南北交通，以便更好地控制全国，促进经济发展和文化交流。开凿中，组织大量的人力、物力和财力进行施工。首先开凿的是通济渠和邗沟，它们是京杭大运河的重要部分，也是最先完成的部分。通济渠连接了黄河和淮河，邗沟连接了长江和淮河，它们的开凿使得南方的物资可以更加便捷地运送到北方。随后，永济渠和江南河等部分也相继开工。永济渠连接了黄河和海河，江南河连接了钱塘江和长江，它们的开凿使得南北交通更加畅通。历时半个世纪之久，完成了全长约 2000 千米的京杭大运河的开凿工作。这条大运河的开凿，彻底改变了南北交通的格局，使得南北物资的流通更加便捷、快速和经济。大运河的开凿也促进了南北经济的融合和发展，带动了沿岸城市的富裕和繁荣。大运河的开凿还对中国文化的发展产生了深远影响，使得南北方文化的交流和融合更加频繁和深入。三是元朝时期（13 世纪后期），中国政治中心从关中迁移到北京。然而，从关中到北京的交通状况并不好，成了南北方物资流通和经济交流的障碍。为了解决这个问题，忽必烈决定开凿一条新的运河——会通河，以连接北京和南方的主要水系。会通河的路线经过仔细的选择，避开了地形复杂和施工难度大的地区，考虑了水源充足和水流平稳等因素。会通河的开凿对于元朝时期南北交通的改善起到了重要的作用。不仅缩短了南北之间的航行距离，而且提高了航行的安全性。通过会通河，南方的物资可以更加便捷地运送到北方，加强了南北之间的经济联系和贸易往来。会通河也成了文化交流的通道，促进了南北方的文化融合和发展。

清末，由于内忧外患的加剧，清政府逐渐放弃了修复运河的计划。此时，黄河改道和漕运制度的改变，使得运河的运输功能逐渐减弱。铁路和公路等现代交通方式的兴起，也使得运河的重要性逐渐减弱。民国时期，虽然曾经有过重开运河的计划，但是由于政治和经济等多种原因，计划没有实现。在这个时期，中国的经济和政治中心逐渐向东南沿海转移，而运河的重要性也逐渐被淡化。

中华人民共和国成立后，就一直对中国大运河进行修复和整治工作。2006 年，京杭大运河和隋唐大运河被列入第六批国家级非物质文化遗产名录，

2013 年 5 月，浙东大运河被纳入第七批全国重点文物保护单位。2009 年，大运河保护与申遗工作会议在扬州召开，大运河联合专家组正式成立，标志着中国大运河正式启动"申遗"程序。文化部和国家文物局作为牵头组织，联合国家发改委等有关部委以及大运河沿线城市，共同组成了大运河保护和申遗省部际会商小组。该小组的成立旨在加强各部门之间的协调配合，形成合力，共同推进大运河的保护和申遗工作。通过省部际会商小组的协调，各地区之间的信息共享、经验交流和合作机制得到了加强。各地区可以更好地了解彼此的工作进展和需求，从而更加高效地开展大运河文化遗产的保护和传承工作。各地区之间可以借鉴和学习彼此的成功经验，进一步提升保护工作的水平和质量。省部际会商小组的协调还能够推动大运河沿线城市的文化和旅游发展。大运河作为中国重要的文化遗产，具有丰富的历史和文化内涵。通过加强保护和申遗工作，可以提升大运河的文化价值和旅游吸引力，吸引更多的游客和文化爱好者前来参观游览，将为沿线城市带来更多的经济收益和发展机会，促进区域经济的协调发展。

中国大运河在南北物资运输和长江三角洲经济发展中扮演着重要的角色。尽管高铁和航空运输的发展给物流带来了更多的选择，但水路运输仍然具有显著的优势。与陆路和航空运输相比，水路运输的燃油消耗和运输成本明显更低。通过大运河进行货运，尤其适合长距离、大批量货物的运输。大型货轮和集装箱船可以装载数千个标准集装箱，运载量远高于铁路和公路运输。水路运输成为大宗货物运输的首选方式，尤其适合大批量、高价值的货物。与陆路运输相比，水路运输对环境的影响较小，特别是对空气和土地资源的消耗。水路运输还可以利用可再生能源，如风能和太阳能，进一步减少对环境的影响。与陆路运输和航空运输相比，水路运输的风险较低，特别是在天气恶劣的情况下。水路运输成为对安全要求较高的货物运输的首选方式。由于水路运输受自然条件的限制较小，如天气和交通状况等，因此可以提供相对稳定的运输服务。这使得水路交通成为对时间要求较高的货物运输的首选方式。中国大运河作为南北物资运输的重要水道，对长江三角洲地区的经济发展起到了重要的推动作用。据不完全统计，有 10 万多艘船舶长年在大运河上航行，大运河江苏段年运输量相当于沪宁铁路单线货运量的 3 倍。通过大运河，南北方物资得以顺畅流通，促进了沿岸城市的繁荣发展。大运河的开通也加速了商品的流通和人员的交流，为长江三角洲地区的经济一体化提供了有力支撑。

二、中国大运河文化的价值体现

当弄清楚了什么是中国大运河，接下来就要探讨一下什么是中国大运河文化。《辞海》对文化的解释：广义指人类在社会实践过程中所获得的物质、精神的生产能力和创造的物质、精神财富的总和。它包括了人类在长期的历史演进过程中所形成的独特的文化传统、价值观、信仰、艺术、科学、法律、风俗习惯、生活方式等。文化是一个社会的基本人文风貌，反映了人类在长期的历史演进中所形成的特有的精神气质。文化的核心功能是"化人"，即通过教育、感化和塑造人的行为和思想来影响个体和社会的发展。文化不仅是一种知识体系，更是一种价值观念和行为准则的传承和表达。《辞海》强调了地域因素及其历史维度对文化发展的基础性作用。任何文化的形成都摆脱不了历史的惯性。不同地域的文化受到地理环境、气候条件、资源分布等因素的影响，形成了各具特色的文化形态。历史的发展也对文化的演变产生了深远的影响。文化的传承和发展是在特定的历史背景下进行的，与时代相互交织，共同构成了人类社会丰富的人文资源。文化还具有多样性和包容性的特点。在人类社会中，形成了多样的文化形态，每个文化都有其独特的特点和价值。不同的文化之间可以相互交流、借鉴和融合，从而促进文化的发展和进步。文化的多样性使得人类社会更加丰富多彩，也为人们提供了更多的选择和发展空间。依这样理解，中国大运河文化可以被理解为中国大运河地区人类生活要素形态的统称，涵盖了该地区的历史、文化、社会和经济等多个方面，反映了人类在长期的历史演进过程中所形成的独特的文化传统、价值观、信仰、艺术、科学、法律、风俗习惯、生活方式等。中国大运河地区作为人类活动的重要区域之一，经历了多个历史时期的演变和发展，形成了独特的文化景观和人文风貌。这个地区的文化传统、价值观、信仰、艺术等都与其他地区有所不同，具有独特的地域特色和历史内涵。中国大运河文化的形成和发展受到了中国历史、文化和社会变迁的影响，是中国传统文化的重要组成部分。保护和传承中国大运河文化对于弘扬中华文化、促进经济发展和文化交流具有重要意义。

（一）修建中国大运河的社会背景

修建中国大运河的社会背景：中国是一个统一的多民族国家，其形成过程是相当复杂而丰富的。中国自古以来就是一个多元文化的国家，拥有众多的民族和地域特色。这种多样性为中国大运河的形成提供了独特的社会背景。

中国大运河的修建与中国古代的政治制度有着密切的关系。在中国悠久的历史长河中，封建王朝的统治构成了一个显著的社会背景。为了加强中央集权，维护国家的统一和稳定，封建王朝往往会采取一系列的政策和措施来推动经济的发展和交通运输的进步。在这个过程中，大运河的修建无疑是其中的一项重要举措。大运河的修建不仅是一项宏大的工程，更是一种政治智慧的体现。通过修建大运河，封建王朝能够更好地控制和管理各地的经济资源，加强中央与地方的联系，提高国家的综合实力。大运河的修建，使得各地的商品可以更加便捷地流通，促进了经济的繁荣。大运河也成了连接各地的重要交通线，加强了中央与地方的联系，有利于统一调度和管理。这对于加强中央集权，维护国家的统一和稳定起到了重要的作用。

中国大运河的修建与中国的农业经济密切相关。作为一个农业大国，中国的农业在社会经济中扮演着重要的角色。为了解决农业生产中的水资源问题，古代中国人民着手修建大运河。大运河的开通为农田灌溉提供了更加便利的条件，从而提高了农业生产的效率和产量，进一步促进了农村经济的发展。过去，由于缺乏有效的灌溉系统，农民往往需要依靠天时地利来种植作物，这限制了农业生产的发展。大运河的建设使得农田能够获得充足的水源，农民可以更加灵活地安排灌溉时间，从而确保作物的生长和产量。不仅提高了农民的收入，也为社会提供了更多的粮食和其他农产品。除了对农业生产的积极影响，大运河还为农产品的运输提供了便利。过去，农产品的流通往往受到地理条件的限制，导致一些地区的农产品无法迅速流通到其他地区。大运河的建设打破了这种限制，使得农产品能够迅速、高效地运输到各个地区。不仅满足了人民的生活需求，也为农产品的销售和市场拓展提供了更多的机会。

中国大运河的修建与中国的商业发展密切相关。随着中国经济的繁荣，商业活动逐渐兴盛起来。大运河的开通为商人提供了一个便捷的交通通道，使得商品能够迅速流通到各个地区，促进了商业的发展。大运河沿线城市逐渐兴起，成为商业中心和经济枢纽。这些城市的发展不仅带动了周边地区的经济繁荣，也为人们提供了更多的就业机会和生活便利。这些城市的发展还吸引了大量的商人和投资者前来开展商业活动。商人们在这些城市设立了商铺和仓库，进行商品的买卖和储存。这些城市也成了商品的集散地，各地的商品都可以通过大运河运到这些城市并进行交易。这种商业活动的集中化使得这些城市的经济迅速发展起来，成了当时中国最繁荣的地区之一。这些城市也建设了各种基础设施，如码头、市场、道路等，为人们的生活提供便利。人们可以方便地购买到来自各地的商品，享受到更好的生活资源。

（二）中国大运河的文化价值

中国古代的政治中心多位于北方地区，如长安、洛阳等城市。这些城市是皇帝和中央政府所在地，也是政治决策和军事指挥的核心。而当时的经济中心则逐渐向南方转移。南方地区拥有丰富的水资源和肥沃的土地，适宜农业和手工业的发展。南方地区的经济中心逐渐形成，如扬州、苏州、杭州等城市。由于南北地区的政治和经济重心分离，交通和交流变得困难起来。北方地区的统治者需要与南方地区的人民保持联系，了解南方的经济状况和政治动态。南方地区的人民也需要与北方地区的统治者进行交流，以获取政治支持和资源分配。由于地理条件的限制，南北地区的交通并不便利。河流的流向和地形的复杂使得南北之间的交通困难重重。开辟并维持一条贯通南北的运输干线对于中国历代政府来说具有重要的战略意义。不仅是政治手段和统治需要，更是经济发展和文化融合的重要推动力量。为中国历代政府带来了巨大的政治、经济和文化效益，也为中国的繁荣和发展奠定了坚实的基础。

为了加强南北地区的联系，古代中国政府选择了内陆水运方式，并将大运河作为主要的交通通道。为了实现这个目标，政府不惜投入巨大的人力和物力，克服各种困难，不断修建和维护运河河道。在这个过程中，政府逐渐建立了一套完善的政治与经济管理制度。在政治方面，政府设立了专门的机构来管理运河的修建和维护工作。这些机构负责规划、监督和管理运河的建设和维护，并采取了一系列的政策和措施来保障运河的安全和通航。政府还制定了严格的规章制度，确保运河的管理和维护工作得到有效执行。在经济方面，政府通过税收、土地管理和劳动力组织等来管理和促进运河沿岸的经济发展。政府对运河沿岸的土地进行了合理的规划和管理，鼓励农民种植适合运河运输的农作物，提高农产品的产量和质量。政府还通过征收关税和征收过境费等方式来增加财政收入，用于运河的维护和管理。政府还组织了大量的劳动力参与到运河的修建和维护工作中，为运河的发展提供了有力的支持。通过这些政治和经济管理制度，中国古代的政府成功地推动了南北地区的经济和文化交流。大运河成了南北地区的重要交通通道，促进了商品和人员的流动，推动了经济的繁荣和文化的交流。不仅对当时的社会经济发展起到了积极的推动作用，也为后世的经济和文化发展奠定了坚实的基础。

漕运是一种由政府组织和管理的专门运输体系，其主要目的是利用中国大运河的水运或海运，将粮食等重要物资调运到首都或其他由政府指定的重要军事政治目的地。这种运输方式在中国历史上扮演着重要的角色，为国家的经济和社会发展作出了巨大贡献。漕运的起源可以追溯到春秋战国时期。当时，各个诸侯国之间经常发生战争和冲突，为了保障国家的军事供应和民生需求，各国纷纷开始组织和管理自己的漕运系统。随着时间的推移，漕运逐渐发展成为一个重要的国家机构,由专门的官员负责管理和监督。在中国古代,漕运主要是依靠大运河进行水运。大运河是中国最长的人工河,连接了黄河、淮河、长江等重要河流。通过大运河,粮食和其他物资可以从南方的产粮区迅速运输到首都和北方的其他重要城市。这种便捷的运输方式不仅提高了物资运输的效率,还减少了人力和物力的浪费,为国家的经济发展提供了有力支持。漕运在中国古代的政治、经济和军事方面都发挥着重要作用。不仅保障了国家的粮食安全和军事供应,还促进了地区之间的经济交流和贸易往来。漕运系统的建立和发展,为中国古代社会的繁荣和稳定作出了重要贡献。

三、中国大运河的文化特点

中国大运河,这个历经两千多年岁月洗礼、持续发展的伟大水利工程,不仅是中国古代最宏大的水利工程之一,也是人类历史上规模最大的航运工程体系。它像一条巨龙,横跨南北,贯穿东西,串起了无数的城市和乡村,将中华大地的丰富物产、文化、艺术和精神,通过水路源源不断地输送到全国各地。

作为人类遗产,中国大运河的价值不仅仅体现在其规模庞大的航运工程体系上,更是一座规模巨大的文化遗产,承载着无数先人的智慧与汗水,见证了中华民族的繁荣与衰落,是中华民族历史文化的活化石。大运河的开凿和发展,体现了中国古代人民对于国家统一、民族团结的追求,促进了南北地区的经济和文化交流,加强了中央政府对全国各地的控制和影响力,推动了社会的进步和发展。中国大运河成了中国与世界各国经济和文化交流的重要纽带,为中国的繁荣和稳定作出了巨大的贡献。大运河沿岸的城镇和村庄因运河而兴起,形成了独特的文化和社会现象。这些独特的文化和社会现象与运河本身一样,都是中国大运河文化的重要组成部分。比如,运河古镇的建筑风格、生活习惯、风俗礼仪等都与运河有着密切的关系;运河风情则体现在运河两岸的自然风光和人文景观上，如堤坝、船闸、桥梁等水利设施以及民俗活动等。大运河还具有深远的历史影响。不仅是中国古代水利工程技术的杰出代表之一，更是人类文化的重要遗产之一。通过大运河，可以更好地认识和了解中国的历史和文化，领略中华民族的智慧和创造力。运河也是世界文化遗产的重要组成部分，对于促进世界文化的交流和互动具有重要的作用。

中国大运河作为人类遗产的价值不仅体现在其规模庞大的航运工程体系上，更体现在其作为文化遗产的独特价值上。中国大运河是中华民族历史文化的瑰宝，是人类文明的重要组成部分。研究和保护大运河，可以更好地传承和发扬中华民族的优秀传统文化，促进人类文明的交流和互动。

（一）中国大运河的文化概念

中国大运河文化是一个综合性的概念，涵盖了经济、社会、艺术等多个方面。不仅是中国古代文明的重要组成部分，也是世界文化遗产中的瑰宝。通过对中国大运河文化的研究和传承，我们可以更好地了解中国古代社会的发展历程，同时能够为当代社会的发展提供有益的借鉴和启示。

大运河文化的形成与运河经济的繁荣密切相关。随着运河的开通和发展，沿线城市逐渐兴起，形成了独特的运河城市文化。这些城市在经济繁荣的同时，也吸引了各地的文学艺术人才，促进了不同文化背景的交流与融合。这种多元一体的文化现象不仅体现在物质文化遗产上，如建筑、工艺品等，还表现在非物质文化遗产和思想领域，形成了一种独特的文化合成。中国大运河文化范畴广泛，包括隋唐大运河、元明清大运河和浙东运河等多个时期和地区的运河文化。这些不同时期的运河文化在历史演变中相互影响、交融，形成了丰富多彩的文化景观。例如，隋唐大运河是中国古代最重要的运河之一，其沿线城市如扬州、苏州等成了当时的政治、经济和文化中心，留下了许多珍贵的文化遗产。而元明清大运河则是连接北方和南方的重要通道，沿线城市的繁荣发展也推动了文化交流和艺术创新。中国大运河文化最根本的特征是交流。千百年来，大运河经历了疏浚、修筑等多次工程，流经的各个城市都被赋予了不同的文化特征。这些城市通过大运河的联系，不仅提供了地理、交通和经济上的便利，也促进了文化的交流与融合。运河两岸的城市不断发展，形成了一个以运河为渊薮的城市共同体。这种共同体的形成使得沿线城市之间的文化交流更加频繁，也为各个城市的发展提供了更多的机遇和动力。

大运河不仅是一条河流，更是一个文化的载体，一个历史的见证。它见证了我国古代经济的发展，也见证了各种文化的交融和创新。这种深厚的文化底蕴，使得大运河成了中华民族的骄傲，也为今天的文化发展提供了宝贵的资源和启示。

大运河，作为我国古代贯通南北的唯一交通大动脉，不仅在经济上起到举足轻重的作用，而且在文化、历史、民族等多个方面都产生了深远的影响。它不仅是一条河流，更是一个时代的见证，一个民族的骄傲。大运河的建设和发展，对于我国古代经济的推动作用是不可估量的。连接了黄河流域和长江流域，使得南北物资的交流变得更加便捷。沿线的城市得到了迅速的发展，商业、手工业、农业等各个领域都得到了前所未有的繁荣。这种经济的繁荣，为沿线地区的文化发展提供了坚实的物质基础。大运河在其发挥重要作用的过程中，吸纳了沿线各具地方特色和民族特色的文明成果。这些文明成果包括各地的建筑风格、艺术形式、饮食习惯、服饰打扮等。这些文化的交融，使得大运河沿线的文化形态变得丰富多彩，形成了一种独特的运河文化。这种运河文化，内涵深厚，千姿百态。它既有北方的豪放，又有南方的细腻；既有中原的稳重，又有江南的灵动。这种文化的包容性和开放性，使得大运河成了中华文化的一个重要组成部分。大运河文化还吸收了京津文化、燕赵文化、齐鲁文化、中原文化、江淮文化、吴越文化的精华。这些文化都是中华文化的重要组成部分，它们都有各自独特的魅力和价值。在大运河的交汇点上，这些文化得以相互交流、相互融合，形成一种更加丰富、更加多元的大运河文化。

中国大运河的文化概念可以总结为：以黄河流域文化为核心，与海河、淮河、长江、钱塘江共同融合出的独特的江河文化，并与中原文化紧密相承，是一种社会现象，是运河流域社会历史的积淀物。它包括了中国若干个朝代的政治、经济、军事、文化等国家因素，又创造了多民族的历史、地理、风土人情、传统习俗、生活方式、文学艺术、行为规范、思维方式、价值观念等非国家因素。它是中国古代政治智慧的结晶，是中华民族留给世界的一份宝贵遗产。中国大运河作为一条重要的水运通道，不仅是一种物质的交流和运输方式，更是一种文化的传承和发展。承载着丰富的历史信息和文化内涵，成了中国人民的精神家园和文化符号。中国大运河的文化概念体现了黄河流域文化的主导地位。黄河流域作为中华文明的发源地，孕育了丰富多彩的文化遗产。大运河将黄河流域的文化与其他地区的文化相互融合，形成了独特的江河文化。这种文化融合不仅体现在物质层面，如建筑风格、艺术形式等，更体现在精神层面，如思想观念、价值取向等。中国大运河的文化概念涵盖了多个朝代的政治、经济、军事、文化等国家因素。大运河作为一条重要的交通干线，连接了各个地区和城市，促进了政治和经济的繁荣。大运河成了军事战略的重要一环，为国家安全提供了保障。在文化方面，大运河沿线的城市成了文化交流的中心，各种艺术形式和文学作品在这里得到了发展和传播。中国大运河的文化概念还创造了多民族的历史、地理、风土人情、传统习俗、生活方式、文学艺术、行为规范、思维方式、价值观念等非国家因素。大运河沿线的各个地区和城市都有自己独特的文化特色和传统习俗，这些文化元素在交流和融合中逐渐形成了多元一体的文化格局。这种多元文化的交融不仅丰富了中国文化的内涵，也为世界文化的多样性作出了贡献。中国大运河的文化概念是中国古代政治智慧的结晶，是中华民族留给世界的一份宝贵遗产。大运河的建设和管理需要高度的政治智慧和组织能力，不仅是中国古代政治制度的重要组成部分，也是中国古代智慧的象征。大运河作为一项伟大的工程，也成了中华民族的骄傲，展示了中国人民的智慧和勇气。

（二）中国大运河文化的时代和地域特点

中国大运河文化是一个多元化、综合性的文化体系，具有鲜明的时代和地域特点。这些特点不仅是中国历史文化的重要组成部分，也是今天研究和保护大运河文化遗产的重要依据。通过对大运河文化的深入研究，可以更好地了解中国古代社会的发展和变迁，同时能够推动大运河的保护和传承工作。

1. 时代性

中国大运河文化在不同的历史时期都有其独特的时代特点。古代主要表现在漕运、水利、建筑、文化交流等方面；现代则与旅游、文化产业、城市发展等方面更加紧密地结合在一起。这些时代特点不仅反映了中国历史的演进和发展，也体现了中国文化的传承和创新。在未来的发展中，中国大运河文化将继续发挥重要作用，在推动经济发展、促进文化交流、保护生态环境等方面作出贡献。

在古代，大运河文化主要与漕运、水利、建筑、文化交流等方面密切相关。大运河的开凿和发展，为南北地区的经济和文化交流提供了便利的交通条件。漕运作为大运河文化的重要组成部分，使得南方的粮食和物资可以通过水路运送到北方，满足了皇室和官府的物资需求，促进了沿线城市的繁荣和发展。水利工程是大运河文化中的另一个重要方面，通过治理水系和水利设施，保证了漕运的顺利进行，也为农业灌溉、防洪等方面提供了重要的支持。建筑艺术在大运河文化中也得到了充分体现，运河两岸的古建筑、桥梁、码头等设施，不仅具有实用价值，也具有极高的艺术价值和历史价值。文化交流是大运河文化中不可或缺的一部分，通过运河这个交通要道，不同地区和不同民族的文化得以交流和融合，形成了丰富多彩的文化景观。

随着时间的推移，大运河文化也在不断发展和变化。在现代，大运河文化的内涵更加丰富，与旅游、文化产业、城市发展等方面的联系也更加紧密。随着旅游业的发展，大运河成了重要的旅游资源，吸引了大量的游客前来观光和旅游。沿线城市通过开发大运河旅游产品，促进了当地经济的发展和文化的传承。大运河文化与文化产业紧密结合在一起，形成了具有地方特色的文化品牌。这些文化产品不仅在国内市场上具有竞争力，也在国际市场上展示了中国文化的魅力。城市发展是大运河文化在现代社会中的另一个重要体现。沿线城市通过保护和开发大运河文化遗产，改善了城市环境，提升了城市品质，同时促进了城市经济的繁荣和发展。

2.地域性

中国大运河作为世界上最长的人工河，其涉及的地域范围非常广泛，几乎涵盖了中国南北各个省份。这条古老的运河见证了中国几千年的历史变迁，也承载了丰富的文化遗产。由于地域的差异，大运河文化在不同地区呈现出鲜明的地域特点。

在北方地区，大运河文化更多地体现了粗犷、豪放的风格。这里的人们性格开朗、直爽，艺术表现形式也更加大胆、奔放。例如，北方的民间艺术如皮影戏、高跷表演等，都充满了浓厚的生活气息和地方特色。民间艺术形式往往以夸张的造型和热烈的色彩表现生活，传递着北方人民的热情和豪迈。北方地区的建筑风格也以雄伟、壮观为主。传统的建筑如故宫、长城等著名景点，都体现了北方大运河文化的特点。建筑以厚重的砖石和严谨的构图表现出庄重和大气，展示了北方人民的坚毅和力量感。北方地区的城市规划也深受大运河文化的影响，如北京的城市中轴线，以对称和秩序的方式展现了北方大运河文化的独特魅力。

在北方大运河文化中，还融入了更多的军事色彩。由于历史上北方地区经常受到外敌的侵扰，因此大运河沿岸的城市和建筑往往具有防御功能。例如，河北的保定古城墙和大运河沿岸的闸口等水利设施，都兼具防御和水利的双重功能。这些建筑和城市规划的设计思想体现了北方人民勇敢、坚韧的精神风貌。北方地区的大运河文化以其粗犷、豪放的特点而著称。这里的人民热情直爽，艺术表现形式大胆奔放；建筑风格雄伟壮观，融入了军事色彩；城市规划庄重有序，展示了北方人民的坚毅和力量感。这些特点共同构成了北方大运河文化的独特魅力，为中华文化增添了丰富的色彩。

在南方地区，大运河文化则更多地体现了细腻、柔美的风格。人们性格温和、内敛，艺术表现形式也更加精致、细腻。南方的园林建筑是中国传统园林艺术的瑰宝，如苏州拙政园、杭州西湖等，都充满了诗情画意和江南水乡的韵味。园林建筑以精美的石雕、砖雕和木雕为装饰，以小中见大的手法展现出别有洞天的景致。每个角落都经过精心设计，展现出细腻的工艺和匠心独运。南方地区的戏曲艺术如越剧、昆曲等，也以其优美的唱腔和婉约的表演风格著称于世。戏曲形式以柔美的旋律和轻盈的舞步为特点，注重情感的表达和人物形象的刻画。演员的表演细腻入微、形神兼备，让观众感受到江南文化的韵味和魅力。在南方大运河文化中，还融入了更多的商业色彩。由于南方地区经济繁荣、商业发达，大运河沿岸的城市和商业活动也因此繁荣起来。例如，苏州、杭州等城市都是南方大运河沿岸的重要商业中心，曾经是商贾云集、贸易繁盛的繁华都市。这些城市的文化和商业交流促进了南方大运河文化的多元化发展。南方地区的大运河文化以其细腻、柔美的特点而著称。这里的人民温和内敛，他们的艺术表现形式精致细腻；园林建筑充满诗意，戏曲艺术优美动人；商业繁荣促进了文化的多元化发展。这些特点共同构成了南方大运河文化的独特魅力，为中华文化增添了丰富的色彩。

除了地域差异，大运河沿岸的城市和乡村也有着不同的历史和文化背景，为大运河文化增添了更多的色彩。

扬州位于江苏省中部，是大运河上的重要城市之一。既有北方的豪放，又有南方的柔美。这种独特的文化背景与扬州的历史密不可分。扬州的历史可以追溯到春秋时期，当时它是一个小国，名为邗国。后来，邗国被吴国吞并，扬州成了吴国的领土。在秦汉时期，扬州是重要的商业和文化中心。到了隋唐时期，扬州的经济和文化繁荣达到了高峰，成了一个世界闻名的商业和文化中心。当时的扬州是大运河上的一座重要港口城市，吸引了许多商人和文人墨客前来。在明清时期，扬州的经济和文化继续发展，成了中国最繁华的城市之一，被誉为"东南第一都"。扬州的文化包括淮扬菜、扬州评话等。其中，淮扬菜是中国四大菜系之一，以清淡、精致、口感独特而著称。扬州评话则是中国说唱文学的代表之一，以其流畅的语言、生动的描写和细腻的情感表达而受到广泛欢迎。

苏州则是一个典型的江南水乡。位于江苏省东南部，靠近上海。苏州的历史可以追溯到春秋时期，当时它是一个小国，名为吴国。后来，吴国被越国所灭，苏州成了越国的领土。在秦汉时期，苏州是重要的商业和文化中心。到了隋唐时期，苏州的经济和文化繁荣也达到了高峰。在明清时期，苏州成了中国最繁华的城市之一，以其园林建筑、丝绸和瓷器等特色产业而闻名于世。苏州的文化包括苏绣、昆曲、园林建筑等。其中，苏绣是中国四大名绣之一，以其细腻的工艺、丰富的色彩和独特的风格而受到广泛赞誉。昆曲则是中国戏曲艺术的代表之一，以其优美的唱腔、婉约的表演风格和深厚的文化内涵而备受推崇。园林建筑则是苏州的又一特色产业，以其精美的设计、别致的布局和宜人的环境而闻名于世。

大运河沿岸的城市和乡村拥有着不同的历史和文化背景，这些背景为大运河文化增添了更多的色彩。这些丰富多彩的大运河文化共同构成了一幅美丽的画卷，展示了中华民族悠久的历史和博大精深的文化内涵。

刘士林先生认为："中国区域文化虽然众多，但以北方的齐鲁文化与江南文化最为可观。齐鲁文化本质上是一种伦理文化，而江南文化本质上是一种诗性文化，它们代表着中国人最基本的生存需要与文化理想，因而两者之间的双向交流十分重要。大运河使两种在原则上针锋相对的伦理与审美文化，在现实中获得了接触、理解与融合的可能，在两者之间起到重要的沟通与交流作用，对古代中国文化大格局的形成具有十分重要的作用。"刘士林先生在他的观点中，对中国的区域文化进行了深入地探讨。他认为，尽管中国的区域文化繁多且各具特色，但在众多的区域文化中，北方的齐鲁文化和江南文化无疑是最为引人注目的两种。

齐鲁文化，源自中国古代的齐国和鲁国，是中国传统文化的重要组成部分。刘士林先生指出："齐鲁文化在本质上是一种伦理文化。这种文化强调人与人之间的关系，以及个人与社会的责任和义务，主张仁爱、忠诚、孝顺等道德观念，对于维护社会秩序和促进社会和谐起到了重要作用。而江南文化，则是以江南地区为中心的一种文化形态。"刘士林先生认为："江南文化在本质上是一种诗性文化。这种文化强调人与自然的和谐，追求美的生活，崇尚诗歌和艺术。它主张自由、浪漫、优雅的生活方式，对于提升人们的精神生活和丰富人们的情感世界起到了重要作用。"

这两种文化，分别代表了中国人最基本的生存需要和文化理想。因此，刘士林先生强调，齐鲁文化和江南文化之间的双向交流十分重要。他认为，大运河作为一条重要的交通线路，使得这两种在原则上针锋相对的伦理与审美文化，在现实中获得了接触、理解与融合的可能。

大运河不仅促进了物质的交流，更重要的是，它在齐鲁文化和江南文化之间起到了重要的沟通与交流作用。这种交流，使得两种文化能够相互借鉴，相互融合，从而推动了中国文化的发展和进步。刘士林先生进一步指出，大运河的这种作用，对于古代中国文化大格局的形成具有十分重要的作用。他认为，正是由于大运河的存在，使得中国的南北文化得以交融，形成了独特的中国文化大格局。这种格局，既包含了齐鲁文化的伦理精神，也包含了江南文化的诗性情怀，从而使得中国文化更加丰富多彩，更加底蕴深厚。

（三）中国大运河文化的价值与功能特点

《中国运河文化史》一书中写道："中华民族的文化是多元一体的文化，其所以存在着文化上的多元性，是由于各个区域地理环境的不同造成的自然条件的差别，经济发展水平不同引起的社会条件的差异，生活习俗不同所带来的文化背景的各异，军事上的封建割据所形成的政治上的隔绝，这一切都足以造成区域文化上的不同特色。随着运河的南北大贯通和迅速开发，运河区域的社会经济达到前所未有的兴盛与繁荣，这不仅是运河区域文化带来的发展提供了雄厚的物质基础，而且促进南北文化、东西文化的交流和中外文化的大交流，使各种地域文化和外来文化相互接触、融汇、整合、形成独具特色的运河文化。"笔者认为，中国大运河文化的最根本特征就是交流。中国运河文化史是中华民族多元一体文化的体现。由于各个区域地理环境的不同、经济发展水平的不同、生活习俗的不同以及政治上的隔绝等因素，形成了区域文化的不同特色。而随着运河的南北大贯通和迅速开发，运河区域的社会经济达到前所未有的兴盛与繁荣，不仅为运河区域文化的发展提供了雄厚的物质基础，而且促进了南北文化、东西方文化的交流和中外文化的大交流。在这个过程中，各种地域文化和外来文化相互接触、融汇、整合，最终形成了独特的运河文化。这种多元文化的交融不仅丰富了运河地区的文化底蕴，也为其他地区的文化发展提供了借鉴和启示。

运河文化的形成和发展强调了多元文化的重要性。在古代，中国的各个地区都有自己独特的文化传统和生活方式。然而，随着运河的开通，各地之间的交流变得更加频繁和便利。人们通过运河的交通网络，不仅可以运输货物，还可以传播文化和知识。这种交流促进了各地文化的相互影响和融合，使得中国的文化更加多元化和丰富。运河文化的形成和发展表明了文化交流和融合对于社会进步的重要作用。在古代，中国的各个地区之间存在着政治上的隔绝和经济上的差异。随着运河的开通，各地之间的交流变得更加频繁和便利。人们通过运河的交通网络，不仅可以运输货物，还可以传播文化和知识。这种交流促进了各地文化的相互影响和融合，使得中国的文化更加多元化和丰富。运河文化的形成和发展提供了一个重要的思考问题：在当今社会，应该更加重视多元文化的交流和融合，以促进不同地域、不同民族之间的相互理解与和谐发展。随着全球化的进程加快，各国之间的文化交流变得越来越频繁。应该积极参与到这个过程中来，既要学习和借鉴其他国家和地区的文化成果，也要保护和传承自己的传统文化。只有通过多元文化的交流和融合，才能更好地推动社会的发展和进步。

1. 中国大运河文化的基本特征之包容与统一

善于沟通、包容开放的宽广胸怀是大运河文化的重要特征。大运河的开通不仅促进了南北方的物资和文化交流，也加强了中央政府对全国各地的控制和影响，有利于维护国家的统一和稳定。大运河沿岸的城市和乡村有着不同的历史和文化背景，这些背景为大运河文化增添了更多的色彩。大运河的开通使得南北方的物资、文化、人员得以交流，促进了地域间的融合和经济的发展。大运河的开通也加强了中央政府对全国各地的控制和影响，有利于维护国家的统一和稳定。这种包容性不仅体现在大运河文化的形成和发展过程中，也体现在中国大运河文化的传承和发展中。

大运河文化的统一性也十分重要。大运河不仅是一条连接南北的水路，更是一条串联起中华大地文化多样性的重要纽带。大运河沿岸有着不同的地域文化和民族文化，这些文化在大运河的开通过程中得到了交融和发展。大运河文化的统一性不仅体现在地域文化的交融上，也体现在不同时代、不同民族之间的文化交流和融合上。这种统一性为大运河文化的传承和发展提供了坚实的基础。

大运河文化还具有沟通世界的特性。大运河的开通使得中国与世界其他地区的联系更加紧密。大运河不仅是中国重要的交通路线之一，也是连接古代中国与世界的桥梁。通过大运河，中国的丝绸、瓷器、文化等得以远销世界各地，外来的商品和文化也得以传入中国，为中国文化的发展带来了新的元素。大运河文化的发展不仅是中国文化发展的一个重要组成部分，也是世界文化交流的一个重要组成部分。

总之，中国大运河文化的基本特征是包容与统一。这种包容和统一不仅体现在大运河文化的形成和发展过程中，也体现在中国大运河文化的传承中。体现了中国人民的智慧和勇气，以及中华民族的开放、包容、进取的精神特质。

2. 中国大运河文化的基本特征之扩散与开放

中国大运河作为一条重要的水上交通通道，为不同区域的文化交流提供了便利。它不仅仅是一条连接各地的运输线，更是某一文化区域内人类价值交流的重要平台。在中国历史上，大运河与长城一样扮演着重要的角色，被人们比喻为中国版图上的一个大大的"人"字。

长城是一项巨大的工程，它的修建主要是为了防御外敌入侵，客观上阻碍了多民族之间的往来和交流。而大运河则是为了贯通水系，加强了各族人民之间的团结与统一。可以说，长城代表了对外闭锁的态度，而大运河则代表了对内搞活的精神。大运河的开通与整修，直接刺激和活跃了中国区域间的物资流通与人际交往，使不同地区之间更加紧密地联系在一起，影响了古代中国与世界的交往及其路径。大运河的开通使得东部地区与中原、南方与北方的联系更为直接而紧密，带来了大运河区域经济文化的繁荣与发展。沙漠丝绸之路和海上丝绸之路的沟通，使得运河流域成为中外经济文化交流的前沿地区，促进了中华文化的多元发展。

在明朝时期，苏禄国东王来北京访问，沿运河返程时在德州去世，被葬在德州，其后人为他守墓，形成了一座村落。这个例子展示了运河沿岸地区的文化交流和多元性，也表明了运河在促进不同地区人们之间的联系和友谊方面发挥了重要作用。除了经济和外交方面的影响，大运河还对中国的文化产生了深远的影响，促进了不同地区之间的文化交流和融合，使得不同地区的文化得以相互借鉴和发扬。大运河的开通也促进了文学、艺术、科技等方面的繁荣和发展，出现了许多与运河有关的文学作品、地方戏曲、曲艺等。

中国大运河的开通对中国的文化、经济和外交都产生了深远的影响，促进了不同地区之间的联系和交流，为中国的繁荣和发展作出了重要贡献。体现了中国人民的智慧和勇气，以及中华民族的开放、包容、进取的精神特质。大运河不仅是中国古代水利工程的一颗璀璨明珠，也是人类文明史上的一项杰出成就。

3. 中国大运河文化的基本特征之创新与发展

大运河文化的创新性体现在多个方面。大运河的开凿和建设本身就是一种创新，大运河连接了不同的水系和地区，促进了地区间的交流和合作。大运河文化的创新性还体现在它是一种"通、统、容、合"的文化，即实现了水系连通、地域沟通、南北交通、国际贯通，密切了地区间的联系，既促进了中华民族内部跨区域商贸的开展、文化的交融，也成为中外文明互动互鉴的前沿地带。这种文化观念的形成，不仅体现了中国古代人民的智慧和创新精神，也为中国乃至世界的文化交流和经济发展作出了重要贡献。在古代，大运河的开凿是一项巨大的工程，需要克服许多困难。然而，中国古代人民凭借着智慧和勇气成功地完成了这项任务。大运河的开通使得不同地区的人们能够更加方便地进行交流和贸易往来，促进了经济的发展和社会的进步。

中国大运河文化的发展性是其基本特征之一，不仅在历史上起到了重要的推动作用，在经济和文化方面也产生了深远的影响。大运河的开凿促进了沿岸地区的农业生产和商业繁荣。通过连接黄河、长江等重要水系，大运河为农民提供了便捷的灌溉条件，使得农作物的种植和收获更加高效。大运河为沿岸地区带来了丰富的水资源，促进了农田的开垦和农业的发展。大运河是重要的商贸通道，促进了商品交流和贸易活动，带动了沿岸城市的发展和壮大。大运河文化随着时代的发展而不断发展和演变，从最初的运河文化逐渐演变为涵盖了多个地区的文化体系，大运河文化融合了不同地域的文化元素，形成了独特的文化风貌。这种文化的多样性和包容性使得大运河文化成了中华文化的重要组成部分，丰富了中国的文化底蕴。大运河文化的发展性不仅体现在其历史价值和经济价值上，也体现在其对于人类文明的贡献上。大运河作为世界上最长的人工河，不仅是中国古代工程技术的杰作，也是人类智慧和创新精神的结晶。它的建设和维护需要大量的人力和物力投入，展现了中国古代人民的勇气和毅力。大运河也为世界各地的文化交流和经济发展作出了重要贡献。通过大运河，中国与其他国家之间的贸易往来得以加强，文化的交流和传播也得到了促进。

中国大运河文化的创新性和发展性是其基本特征之一。不仅体现了中国古代人民的智慧和创新精神，也为中国乃至世界的文化交流和经济发展作出了重要贡献。大运河文化的传承和发展将继续为人们带来新的启示和思考，成为中华文化的瑰宝之一。

（四）中国大运河的分类

中国大运河文化是一个博大精深的领域，为了更好地理解和研究这一文化，可以将其分为物质文化、非物质文化遗产和思想领域三个部分。这样的分类方式更为科学合理，能够更全面地展现大运河文化的丰富内涵。

在物质文化部分，可以看到大运河水工文化、大运河建筑文化、大运河园林文化和大运河城市文化等多个类别。这些文化类别反映了大运河在历史上的水利工程、建筑风格、园林景观以及城市发展等方面的独特魅力。例如，大运河水工文化展示了古代劳动人民在运河建设过程中所创造的水利工程技术和智慧；大运河建筑文化则体现了沿线各地的建筑风格和特色，如扬州的瘦西湖、苏州的古典园林等。

在非物质文化遗产部分，可以看到大运河文学艺术和非物质文化等类别。这些文化类别揭示了大运河在文学、艺术等方面的深厚底蕴。例如，大运河文学艺术包括以大运河为题材的诗歌、散文、小说等文学作品，以及以大运河为背景的音乐、舞蹈、戏剧等艺术形式。这些作品不仅展现了大运河的历史变迁，还传达了人们对美好生活的向往和对自然的敬畏之情。

在思想领域部分，可以看到大运河宗教文化和大运河商业文化等类别。

这些文化类别反映了大运河在历史上对人们信仰观念和商业活动的影响，例如：大运河宗教文化包括佛教、道教等多种宗教信仰在沿线地区的传播和发展；大运河商业文化则展示了大运河作为古代重要的商贸通道，如何促进了沿线地区的经济发展和文化交流。

有些文化类别既有物质文化的成分，也有非物质文化的成分或思想领域的成分，例如：大运河漕运文化既包含了古代劳动人民在漕运过程中所积累的物质财富和技术经验，也体现了他们对国家和社会的责任担当；大运河旅游文化既具有精神层面的价值，如弘扬民族文化、传承历史记忆等，也具有物质层面的价值，如促进地区经济发展、提高人民生活水平等。然而，这些复杂的文化现象并不影响对大运河文化进行三大部分的分类。

四、中国大运河文化的传承现状与挑战

中国大运河文化遗产的保护和传承面临着一些挑战。由于历史和自然的原因，大运河沿岸的一些古建筑、古遗址等文化遗产已经遭到了不同程度的破坏和损失。这些古建筑和古遗址是大运河文化的重要组成部分，承载着丰富的历史信息和文化内涵。由于长期的风化、自然灾害以及人为破坏等因素，这些文化遗产正面临着严重的威胁。为了保护和传承这些宝贵的文化遗产，需要采取有效的措施，如加强文物保护法律法规的制定和执行，加大对文化遗产的修复和保护力度，提高公众对文化遗产的认识和重视程度等。随着城市化和现代化的加速推进，一些传统的生活方式和手工艺也面临着消失的风险。传统的手工艺技艺是大运河文化的独特之处，是代代相传的宝贵财富。由于现代生活方式的改变和市场需求的变化，许多传统手工艺正在逐渐消失，这对大运河文化的传承和发展构成了巨大的挑战。为了保护和传承这些传统手工艺技艺，需要加强对传统手工艺的研究和记录，培养更多的传统手工艺人才，推动传统手工艺与现代生活的融合，提高传统手工艺的市场竞争力等。大运河文化的传承还面临着社会认知度不高的问题。尽管大运河作为中国古

代重要的交通通道和文化带，具有重要的历史和文化价值，但许多人对其了解甚少。因此，需要加强对大运河文化的宣传和推广，提高公众对大运河文化的认知度和兴趣。可以通过举办展览、演出、讲座等形式，向公众介绍大运河的历史、文化和艺术特色，激发公众对大运河文化的兴趣和热爱。

大运河文化在传承和发展的过程中，确实面临着一些矛盾和问题。不仅影响了大运河文化的完整性和真实性，也对其可持续发展构成了威胁。从文化旅游的角度来看，一些地方为了追求短期的经济利益，过度开发大运河文化资源，导致了一系列的负面影响。例如，过度的商业开发使得大运河的文化内涵被稀释，甚至出现了文化失真的现象。过度的人为干预和开发也对大运河周边的环境造成了破坏，不仅影响了大运河的自然景观，也破坏了其生态环境。必须认识到，过度的开发不仅会导致文化遗产的破坏和资源的浪费，也会对周边环境造成长期的负面影响。为此，我们需要在保护文化遗产的同时，合理规划旅游开发，确保文化旅游的可持续发展。从文化产业的角度来看，一些企业在开发大运河文化产品时，缺乏创新和创意，过于依赖模仿和复制，导致产品雷同和质量低下。这种现象不仅降低了大运河文化产品的市场竞争力，也影响了消费者对大运河文化的认知度和接受度。因此，需要加强对文化产业的引导和支持，鼓励企业进行创新和研发，提高产品的质量和竞争力。大运河文化的传承和发展还存在着地域发展不平衡的问题。一些地区对大运河文化的保护和发展重视不够，对大运河文化的全面传承和发展构成了挑战。为了解决这个问题，需要政府和社会各界共同努力，加大对大运河文化保护和发展的投入和支持，确保大运河文化能够得到全面的传承和发展。

中国大运河，这条历经千年的水路，见证了中国历史的变迁和文化的繁荣。作为中华文明的重要遗产，大运河不仅是一条沟通南北的水上通道，更是一段承载着丰富历史和文化积淀的记忆。为了传承和发扬这份宝贵的文化遗产，需要从多个方面进行努力。

1. 保护大运河文化遗产是首要的任务

深入挖掘和提炼中国大运河文化的价值，是一个极为重要的任务。大运河不仅仅是一条水路，更是一个文化与历史的载体，见证了中国历史的变迁和文化的繁荣。为了更好地认识和了解大运河文化的独特魅力，对大运河沿线的历史遗迹、建筑和文献进行保护和研究是至关重要的。这些历史遗迹和建筑是运河文化的物质载体，反映了古代人们的智慧和创造力。通过加强对这些历史遗迹和建筑的保护和研究，更好地了解大运河的历史和文化，为后续的保护和传承工作提供宝贵的资料。对非物质文化遗产的传承和发扬同样重要。大运河沿线的非物质文化遗产包括口头传统、表演艺术、手工技艺等，这些文化表现形式具有独特的历史和文化价值。通过传承和发扬这些非物质文化遗产，让更多人了解和体验到大运河文化的深厚底蕴，同时为文化旅游和文化产业的发展提供宝贵的资源。为了更好地认识和了解大运河文化的独特魅力，需要加强运河学的学科建设。运河学是一门涵盖历史、文化、地理、水文等多个学科的综合性学科，旨在研究大运河的历史、文化和价值。通过加强运河学的学科建设，更好地研究和理解大运河的文化价值，为后续的保护和传承工作提供理论支持和实践指导。需要在多个领域进行努力。例如，加强与世界其他运河地区的交流与合作，共同推动全球运河文化的繁荣与发展；加强大运河文化的教育推广，提高公众对大运河文化的认知和保护意识；加强科学技术的运用和创新，运用现代科技手段和方法记录和展示大运河的历史和文化等。深入挖掘和提炼大运河文化的价值是一项长期而艰巨的任务。需要从多个方面进行努力，包括对历史遗迹和建筑的保护和研究、对非物质文化遗产的传承和发扬、加强运河学的学科建设以及加强与世界其他运河地区的交流与合作等。只有这样，才能更好地认识和了解大运河文化的独特魅力，为后续的保护和传承工作奠定坚实的基础。还需要认识到，大运河文化的传承和发展是一个长期的过程。在这个过程中，需要保持开放的心态和创新的精神，不断探索新的途径和方法，推动大运河文化的持续发展。才能让大运河文化的独特魅力得以永存，为中华文化的繁荣作出更大的贡献。

2. 创造优秀的文化作品是讲好运河故事的关键

中国大运河——这条纵贯南北的水上通道，见证了中国历史的变迁和文化的繁荣。作为中华文明的重要遗产，大运河不仅是一条沟通南北的水上通道，更是一段承载着丰富历史和文化积淀的记忆。为了传承和发扬这份宝贵的文化遗产，不仅需要保护好这份珍贵的文化遗产，还需要利用多样化的形式，将大运河的历史、文化和人文精神呈现给更多的人。文学、艺术和电影是传递运河文化和历史的重要载体。通过这些形式，将大运河的历史、文化和人文精神生动形象地呈现给观众，激发对大运河的兴趣和热爱。一部好的文化作品能够引导观众去了解更多的运河文化，推动运河文化的传播和传承。

在文学方面，可以创作以大运河为主题的小说、散文、诗歌等作品。这些作品可以描绘大运河的历史背景、人物故事、文化内涵等，让读者领略到大运河的独特魅力。例如，小说《京杭大运河》可以通过描写大运河的历史变迁和人物命运，展现大运河的厚重历史和丰富文化。诗歌《运河之歌》则可以通过优美的语言和意境，表达对大运河的敬仰和赞美。

在艺术方面，运用绘画、雕塑、摄影等多种形式，将大运河的美景和文化内涵呈现出来。例如，绘画作品《大运河之春》可以通过细腻的笔触和色彩，描绘大运河春天的美景和人文风情。雕塑作品《大运河上的船夫》则可以通过对船夫形象的塑造和雕刻，展现大运河上的生活气息和劳动人民的辛勤付出。

在电影方面，拍摄有关大运河的电影、纪录片等作品。这些作品可以记录大运河的历史、文化和人物故事，让观众通过影像感受到大运河的独特魅力。例如，电影《大运河传奇》可以通过精彩的剧情和视觉效果，展现大运河的壮丽景色和传奇故事。纪录片《大运河的历史与文化》则可以通过详细的镜头和解说词，让观众全面了解大运河的历史、文化和价值。

除了以上提到的形式，还可以通过其他途径将大运河的历史、文化和人文精神呈现给更多的人。例如，可以通过舞台剧、音乐会等形式将大运河的故事演绎出来；可以通过展览、讲座等形式将大运河的文化内涵和价值呈现给公众；可以通过网络、社交媒体等形式将大运河的美景和文化传播出去。利用文学、艺术、电影等多样化的形式将大运河的历史、文化和人文精神呈现给更多的人是至关重要的。一部好的文化作品能够激发人们对大运河的兴趣和热爱，引导人们去了解更多的运河文化，推动运河文化的传播和传承。需要不断探索新的途径和方法，让更多的人了解和体验到大运河文化的独特魅力，为中华文化的繁荣作出更大的贡献。

3. 系统规划运河旅游是推进文化旅游深度融合的重要途径

中国大运河沿线的旅游资源丰富多样，包括历史遗迹、古建筑、文化景观、自然风光等。为了吸引更多的游客前来感受大运河的魅力，需要制定全面的旅游规划，整合大运河沿线的旅游资源，打造具有千年运河品牌特色的旅游产品。

要进行深入的市场调研和分析，了解游客的需求和偏好。根据市场需求，开发独特的旅游线路和产品，包括文化旅游、生态旅游、休闲旅游等。例如，可以设计一条从北京到杭州的大运河文化旅游线路，让游客沿途参观重要的历史遗迹和文化景观，体验大运河的历史和文化。举办精彩的文化活动和节日，吸引更多的游客前来参与。文化活动可以包括音乐会、戏剧表演、展览、讲座等，以展示大运河文化的多样性和独特性。例如，可以在大运河沿岸的城市举办"大运河文化艺术节"，展示大运河沿岸的传统文化和现代艺术，吸引更多的游客前来欣赏和体验。打造高品质的旅游设施和服务，提高游客的满意度和舒适度。设施可以包括旅游酒店、度假村、旅游厕所、旅游标志标牌等，以满足游客的基本需求和提供更好的旅游体验。例如，可以在大运河沿岸建设一批高品质的民宿和酒店，提供舒适的住宿环境和独特的大运河文化体验。为了提高旅游产品的知名度和品牌价值，需要加强宣传和营销工作。可以通过网络、社交媒体、广告等渠道进行宣传推广，吸引更多的游客前来了解和体验大运河文化。还可以与相关的旅游机构、航空公司、旅行社等合作，共同推广大运河文化旅游产品和服务。制定全面的旅游规划、整合大运河沿线的旅游资源、打造具有千年运河品牌特色的旅游产品是吸引更多游客前来感受大运河魅力的关键。通过开发独特的旅游线路、举办精彩的文化活动、打造高品质的旅游设施等措施，可以让更多的人了解和体验到运河文化的深厚底蕴，为大运河文化的传承和发展提供坚实的支撑。在推动大运河沿线旅游业发展的过程中，需要注重保护和传承大运河文化。在开发旅游资源的同时，要注重保护历史遗迹和古建筑等文化遗产，避免对它们造成破坏和损失。同时，要注重传承和发展非物质文化遗产，将它们融入旅游产品和服务中，让游客更好地了解和体验运河文化的独特魅力。加强与世界其他运河地区的交流与合作，共同推动全球运河文化的繁荣与发展。通过与其他运河地区的交流与合作，分享经验和技术，共同探索开发具有特色的运河旅游产品和服务，促进文化交流和经济发展。

推动大运河沿线旅游业的发展是一项重要的任务。通过制定全面的旅游规划、整合旅游资源、打造具有千年运河品牌特色的旅游产品等措施，可以吸引更多的游客前来感受大运河的魅力，让更多的人了解和体验运河文化的深厚底蕴。注重保护和传承大运河文化，加强与世界其他运河地区的交流与合作，共同推动全球运河文化的繁荣与发展。

4. 推动文化与相关产业的融合发展是实现文化产业发展的重要策略

中国大运河拥有丰富的文化资源和经济资源，这些资源可以为文化创意产业、文化旅游产业等相关产业的发展提供强有力的支持。为了促进文化资源与经济资源的相互转化，积极引导和支持这些产业的发展，打造出更多具有运河特色的文化产品和服务，推动文化产业的繁荣发展，为大运河文化的传承和发展提供坚实的经济支撑。

充分挖掘大运河沿线的文化资源，包括历史遗迹、古建筑、非物质文化遗产等。这些文化资源是运河文化的珍贵财富，可以为文化创意产业提供丰富的素材和灵感。通过将这些文化资源与现代创意相结合，开发出更多具有创新性和独特性的文化产品和服务，如图书、影视、艺术品、文化衍生品等。利用大运河沿线的经济资源，包括旅游资源、农业资源、工业资源等。这些经济资源可以为文化旅游产业和其他相关产业提供有力的支持。通过将这些经济资源与文化产业相结合，开发出更多具有特色和吸引力的文化旅游产品和服务，如文化体验旅游、农业观光旅游、工业遗产旅游等。为了促进文化资源与经济资源的相互转化，需要加强创新和合作。创新是推动文化产业发展的关键，只有通过创新，才能打造出更多具有运河特色的文化产品和服务。合作是实现资源共享和优势互补的重要途径，只有通过合作，才能更好地利用大运河沿线的文化和经济资源，推动文化产业的发展。在创新方面，可以采取多种形式，如与艺术家、设计师、科技公司等合作，共同开发具有创新性和独特性的文化产品和服务；利用现代科技手段，如虚拟现实、增强现实等，打造数字化、互动式的文化体验产品；开展市场调研和分析，了解市场需求和趋势，根据市场需求进行产品设计和营销等。在合作方面，加强与政府、企业、社会组织等各方面的合作，共同推动文化产业的发展。例如，可以与政府合作，争取政策和资金支持；可以与企业合作，共同开发文化旅游产品和项目；可以与社会组织合作，开展文化遗产保护和传承工作；还可以与其他运河地区合作，共同推动全球运河文化的繁荣和发展。积极引导和支持文化创意产业、文化旅游产业等相关产业的发展是促进文化资源与经济资源相互转化的重要途径。通过创新和合作，打造出更多具有运河特色的文化产品和服务，推动文化产业的繁荣发展，为大运河文化的传承和发展提供坚实的经济支撑。注重保护和传承大运河文化，让更多的人了解和体验运河文化的深厚底蕴。

中国大运河文化的传承和发展需要我们在保护好文化遗产的基础上，创作优秀的文化作品，规划好运河旅游，推动文化产业的发展以及加强科技运用和创新等，只有这样，才能更好地传承和发扬中国大运河文化的独特价值，为中华文化的繁荣作出更大的贡献。

第二章

中国大运河水工文化的解读

中国大运河水工文化是中国古代水利工程文化的代表，具有独特的历史、科学和艺术价值。大运河流经多个省份，其沿岸的水利工程设施在保障农业灌溉、交通运输、城市供水和生态保护等方面发挥了重要作用。这些水工设施的建设和维护，不仅体现了中国古代水利科技的先进水平，也传承了中华民族的智慧和创造力。

一、中国大运河水利工程文化

中国大运河水利工程文化是中国古代水利工程的杰出代表，见证了中国古代农业、商业和文化的发展，也体现了中国古代科技的先进水平。中国大运河水利工程跨越黄河、淮河、长江三大流域，是世界上最长最古老的运河之一，为中国的农业发展提供了便利的水路交通条件，促进了南北物资的交流和经济的发展。大运河水利工程的建设体现了中国古代政府的治理能力和管理水平，展现了中华民族的智慧和创造力。中国大运河水利工程文化对于中国历史和文化的发展具有重要的推动作用。大运河沿岸的城市和乡村得以繁荣发展，并成了南北文化交流的重要通道。大运河水利工程的建设和管理体现了中国古代政治文明的发展水平，对于中国古代政治文明的发展具有重要的推动作用。中国大运河水利工程对于人类水利工程的发展也具有重要的贡献。大运河水利工程的设计和施工充分考虑了河流的自然规律和特点，采用了科学合理的技术手段，使得大运河能够长期稳定地运行，为人类水利工程的发展提供了重要的经验和启示。

中国大运河水利工程文化的历史地位非常重要，是中国古代文化和科技发展的重要代表之一，也是人类水利工程发展的重要里程碑之一。通过对中国大运河水利工程文化的深入研究和传承，可以更好地了解中国古代社会的发展和进步，能够从中汲取智慧和启示，为当今社会的发展提供有益借鉴。

（一）中国大运河水利工程的特点

中国大运河水利工程具有独特的地理和地形特点，使得其具有与众不同的重要性。中国地势总体上呈现出西高东低的态势，地形以山地为主导，山脉走向主要分为东西走向和东北—西南走向。这种地理环境为大运河的修建提供了自然背景。

大运河作为沟通不同河流的跨流域工程，连接了黄淮海平原、长江三角洲平原和浙东萧绍平原的东部。特别是长江下游以南地区，气候适宜，土地肥沃，物产丰富，是中国主要的农业经济区。大运河的存在使得这些地区的农产品能够更加便捷地运输到其他地区，促进了农业生产的发展和经济的繁荣。大运河是世界上最长的穿越天然江河的人工河。从隋唐至清代，大运河以历代都城如洛阳、开封、杭州和北京等为目的地，沟通了海河等中国五大流域，实现了海黄、黄淮、江淮、长江—太湖—钱塘江的跨越。大运河的修建克服了不同河流流域间因分水岭产生的高差问题，将各个流域连接在一起。通过大运河的航运，人们可以方便地在不同地区之间进行货物和人员的流动，促进了经济的发展和交流。中国历史上政治与经济中心在地理空间上的分离，是大运河空间分布格局形成的重要因素。由于中国古代的政治中心多位于中原地区，而经济中心则多分布在沿海地区或长江流域，因此需要一条便捷的交通通道来连接这两个区域。大运河的建设正是为了满足这一需求。通过大运河的连接，政治和经济中心之间的联系得以加强，有利于国家的统一和发展。大运河的修建还体现了中国古代水利工程的智慧和创造力。在建设过程中，工程师们克服了各种困难，如地势高差、水流湍急等问题，采用了一系列的工程技术手段，如筑堤、开凿渠道等，确保了大运河的畅通和安全。这些技术手段不仅在当时起到了重要作用，也为后世的水利工程提供了宝贵的经验和启示。

中国大运河，作为世界上最古老且持续使用时间最长的运河之一，其卓越的水利工程和航运功能使其在世界运河工程史上独树一帜。在《世界遗产预备名录》以及其他重要文献中，水道类遗产主要可以分为两大类：水运交通运河和灌溉运河。这两类遗产在水利技术上有着共同的基础，但它们的功能却各有特色。

从地域分布的角度来看，水道类遗产主要集中在欧美、中东和南亚地区。然而，如果从开凿、使用和维护的时间角度来看，欧美的运河相对较晚，大多数都是在17世纪以后才开始开凿的。这些运河代表了工业革命后形成的工业技术体系的成就，它们的存在和发展都与工业化的进程密切相关。相比之下，中东、南亚的灌溉系统以及中国的水道系统则要早得多，它们大约在公元前就已经形成。这些古老的水道系统在长时间的使用过程中，不断地更新和发展，逐渐形成了适应各自自然水文环境的、相对独立的古代水利技术体系。这些技术体系不仅在当时起到了重要的作用，对后世的影响也是深远的。

中国大运河现存的水工遗存包括基于详尽的资源调查而确认的历史时期的河道、湖泊和水工设施。这些遗存勾勒出了从春秋至清代各个重要历史阶段的大运河线路，充分展示了作为漕运通道的大运河的形成和发展历程。中国大运河水工设施包括船闸（单闸、复闸、梯级船闸）、拖船坝、泄水闸、堤、水坝、桥梁、水城门、码头等，是在大运河沿线众多水工设施中挑选出的具有代表性的遗存，基本上涵盖了农业社会背景下传统运河工程设施的全部类型，既体现了中国古代人民的智慧和创造力，也展示了古代水利技术的先进水平。例如，在扬州段的京杭大运河上，有一座名为"瓜洲"的古镇。这座古镇位于长江与京杭大运河交汇处，是京杭大运河上的重要节点之一。瓜洲古镇有着悠久的历史和丰富的文化底蕴，曾经是明清时期江南地区最重要的商业中心之一。在淮安段的京杭大运河上，有一座名为"清江浦"的古镇。

这座古镇位于淮河与京杭大运河交汇处，也是京杭大运河上的重要节点之一。清江浦古镇有着悠久的历史和丰富的文化底蕴，曾经是明清时期淮河流域最重要的商业中心之一。

在科技层面上，中国大运河的水工设施具有独特的结构和功能。这些设施的设计和建造需要解决河水流动和船只通行之间的矛盾，既要保证河水的畅通，又要保证船只的顺利通行。

船闸是大运河中非常重要的水工设施之一。通过控制水位的升降，船只能够顺利地通过河道上的障碍物。设计船闸需要考虑水流的速度和船只的大小，以确保船只能够安全地进出闸口。船闸还需要配备相应的机械设备，以便操作人员能够控制水位的变化。拖船坝是为了帮助船只拖动而建造的设施。在大运河中，由于水流湍急，船只往往难以自行前进。因此，拖船坝被设计成一种能够提供额外推力的设施。拖船坝通常由一些固定的建筑物组成，船只可以通过这些建筑物来获得额外的动力，从而顺利地前行。泄水闸则是为了调节水位，保证河水的稳定流动而建造的。在大运河中，由于降雨和上游水源的影响，水位可能会发生波动。为了保持河水的稳定流动，泄水闸被设计成一种能够控制水位变化的设施。当水位过高时，泄水闸打开，将多余的水流排出；当水位过低时，泄水闸关闭，以保持河水的稳定。

堤、水坝、桥梁等设施则是为了保护河岸、防止洪水侵袭而建造的。在大运河中，由于水流湍急，河岸容易受到侵蚀和破坏。为了保护河岸的稳定性，堤、水坝等设施被建造起来。这些设施可以有效地减缓水流的速度，减少对河岸的冲击。桥梁也被建造起来，以便人们能够方便地跨越河流。水城门则是为了控制城市的水路交通而建造的。在大运河沿岸的城市中，水城门起到了重要的交通枢纽作用。水城门通常由一些固定的建筑物组成，包括闸门和门楼等。通过控制水城门的开闭，可以有效地控制船只进出城市，确保水路交通的安全和顺畅。

中国大运河的水工设施在科技层面上具有独特的结构和功能。不仅解决了河水流动和船只通行之间的矛盾，还保护了河岸、调节了水位、控制了城市的水路交通等。这些设施的建设和维护对于大运河的正常运行和发展起到了至关重要的作用。

在文化层面上，中国大运河也具有深远的影响。大运河的开凿和发展促进了沿岸城市和乡村的繁荣和发展，使其成了南北文化交流的重要通道。通过大运河，南方的丝绸、茶叶、瓷器等商品得以顺利运往北方，而北方的粮食、木材等资源也得以流通到南方，这种经济交流不仅促进了沿岸地区的繁荣，也为南北文化的交融提供了便利条件。大运河的水工设施也体现了中国古代的文化和艺术风格，如建筑风格、雕刻艺术等。在大运河沿线，可以看到许多古老的桥梁、堤坝和码头等水工设施，这些设施不仅具有实用性，还融入了中国古代的建筑风格和雕刻艺术。例如，许多桥梁采用了中国传统的拱桥结构，桥身雕刻着精美的花纹和图案，展示了中国古代工匠的高超技艺和审美追求。大运河的发展也影响了中国古代的政治和经济格局，成了中国古代社会发展的重要推动力之一。大运河的开通使得中国各地之间的交通更加便捷，加强了各地区之间的联系与合作，这不仅促进了经济的繁荣，也为政治的统一提供了有力支持。大运河的建设和维护也需要大量的人力和物力投入，为中国古代社会的发展和进步提供了重要的动力。中国大运河在文化层面上的影响是多方面的。不仅促进了沿岸城市和乡村的繁荣和发展，也是南北文化交流的重要通道。大运河的水工设施体现了中国古代的文化和艺术风格，而其发展也对中国古代的政治和经济格局产生了重要影响。中国大运河不仅是一条重要的交通运输通道，更是中国古代文化的重要组成部分。

（二）与其他水利工程的对比

中国大运河是工业革命之前古代农业文明时期水利工程技术的巅峰之作，代表了人类农业文明时代运河工程技术发展的最高水平。至今，仍然保存着在世界运河工程史上具有重要创造性和典范意义的技术实例。与工业文明时代的运河相比，中国大运河体现了早期农业文明时代的典型技术特征。在中国古代农业文明中，运河（灌溉）工程是不可或缺的一部分。这些工程与农业发展密切相关，为农田提供了灌溉水源，有助于提高农作物产量。历史悠久是这些工程的基本特点之一，因见证了多个历史时期的演变，持续使用时间很长，对本区域的文明进程产生了深远的影响。

在材料选择方面，农业文明时期的运河（灌溉）工程更倾向于使用竹、木、土、砖、石料等地方性材料，反映了当时人们注重实用性和地方适应性，以及就地取材的智慧和创造力。这种选择不仅能够充分利用当地的资源，还能够减少运输成本和环境影响。古代交通并不发达，因此水利技术之间的交流和相互影响并不普遍，使得不同地区间的技术独特性更加明显，每个地区都有自己独特的创新和解决方案，使得各地的水利工程呈现出丰富多彩的地域特色。每个地区的水利工程都融合了当地的地理、气候和文化特点，形成了独特的风格和技术特点。

在功能方面，大多数古代水利工程都是以灌溉为主。因为在农业社会中，灌溉是确保农作物生长和粮食产量的关键因素。灌溉工程的设计和建设直接关系到农田的产量和农民的生计。通过合理的渠道设计和水源调配，古代水利工程能够有效地将水资源引入农田，满足农作物的生长需求，提高农田的利用率和产量。

1. 中国的水利工程（包括大运河）在技术上具有特殊性和原创性

中国的水利工程在技术上具有独特性和原创性，展示了中国古代人民的智慧和创新精神。不仅为中国人民带来了福祉，也为世界文明作出了重要贡献。工程的设计和建造采用了独特的理念和技术手段，展示了中国古代人民的智慧和创新精神。中国的水利工程源远流长，可以追溯到几千年前。中国古代人民在长期的实践中积累了丰富的水利经验，并逐渐形成了一套独特的设计理念和技术方法。不仅注重实用性，还注重美学和文化内涵的融合。例如，大运河是中国古代最重要的水利工程之一。连接了黄河、长江和淮河三大水系，成为中国古代经济和文化交流的重要通道。大运河的设计充分考虑了地形、气候和水文条件，采用了多种技术手段来调节水流和防止洪水灾害。大运河沿线还修建了许多桥梁、码头和堤坝，为交通运输和农田灌溉提供了便利。除了大运河，中国还有许多其他重要的水利工程，如都江堰、灵渠等。不仅在当时起到了重要的作用，也为后世留下了宝贵的遗产。不仅是中国古代工程技术的杰作，也是中国文化的重要组成部分。

2. 中国水利工程非常重视实践和经验

中国古代水利工程重视实践和经验的精神是其成功的重要原因之一。古代水利工程师们通过长期的实践探索和经验积累，不断创新和改进水利工程技术，为中国古代社会的农业发展和人民生活改善作出了重要贡献。这种注重实践的精神在中国古代水利工程中得到了充分的体现，也为后世的水利工程发展提供了宝贵的经验和启示。

中国古代水利工程的发展离不开古代水利工程师们对实际问题的深入研究和解决。古代水利工程师们在面对各种复杂的水文地理条件和水资源管理挑战时，不断探索和实践，积累了丰富的经验。通过实地考察、观测和测量，深入了解河流的水流特性、土壤渗透性以及地形地貌等因素，从而能够更好地设计和建造水利工程。古代水利工程师们在实践中发现了许多问题，并通过不断地改进和创新来解决这些问题。根据实际需要，结合当地的自然条件和技术手段，提出了许多独特的水利工程方案。例如，发明了灌溉渠道、水闸、堤坝等工程设施，有效地解决了农田灌溉和防洪排涝等问题。同时利用水力发电的原理，设计了水车、水磨等水利机械，为农业生产和社会经济发展提供了重要的动力支持。古代水利工程师们的实践精神和经验积累不仅体现在具体的工程实践中，也反映在其理论体系中。通过对实践经验的总结和归纳，形成了一套完整的水利工程理论和方法。这些理论和方法不仅指导了古代水利工程的设计和施工，也为后世的水利工程发展提供了重要的借鉴和参考。

3. 中国水利工程在综合利用水资源方面表现出了独特的理念和实践

除了传统的灌溉功能，中国水利工程还将水资源广泛应用于航运、防洪、生活用水等多个领域，以实现水资源的最大化利用。中国水利工程注重航运的发展。许多大型水利工程，如长江三峡工程、珠江三角洲水利工程等，都充分考虑了航运的需求。通过修建航道、船闸等设施，水利工程为内陆河流提供了便捷的水上交通通道，促进了货物和人员的流动，推动了经济的发展。中国水利工程重视防洪工作。由于中国地域广阔，气候多变，洪涝灾害时有发生。为了保护人民生命财产安全，在设计水利工程时充分考虑了防洪需求。

通过修建堤坝、水库等设施，水利工程能够有效地调节水流，减少洪水对沿岸地区的冲击，保障了人民的安全。中国古代水利工程还注重生活用水的供应。随着城市化进程的加快，人们对生活用水的需求不断增加。为了满足人民的生活需求，水利工程在建设中注重水源的保护和供水系统的建设。通过修建水库、水厂等设施，水利工程能够稳定地供应清洁的饮用水，提高了人民的生活质量。这种综合利用水资源的理念在中国古代水利工程中根深蒂固。中国古代的水利工程注重整体规划和综合运用，将水资源与农业、工业、交通等多个领域相结合，实现了水资源的最大化利用。这种理念不仅体现了中国古代智慧和工程技术的高度发展，也为现代水利工程的发展提供了宝贵的经验和借鉴。

4. 中国水利工程在综合利用水资源方面展现出了独特的理念

通过航运、防洪、生活用水等多个方面的应用，中国水利工程实现了水资源的最大化利用，为经济发展和人民生活的改善作出了重要贡献。中国水利工程在建设过程中，始终强调因地制宜的原则。这一原则意味着根据不同地区的自然条件和需求，采用不同的技术和方法进行水利工程建设。这种灵活性和适应性使得中国水利工程能够更好地适应各种环境和需求。中国地域广阔，各地的自然条件差异很大。东部沿海地区地势平坦，水资源丰富，适合建设大型水库和水利工程。而西部地区地势复杂，河流众多，需要建设更多的灌溉系统和防洪工程。因此，在西部地区，水利工程的建设往往更加注重解决水资源短缺和洪涝灾害等问题。中国各地区的经济发展水平和人口密度也存在差异。一些发达地区对水资源的需求更高，需要建设更多的供水工程和排水系统。而在一些欠发达地区，由于经济条件有限，水利工程的建设可能更加注重解决基本的生活用水问题。在贫困地区，水利工程的建设往往更加注重提供可靠的饮用水和灌溉水。中国水利工程还注重环境保护和生态平衡。在一些水源地和湿地，水利工程的建设需要充分考虑保护生态环境的重要性。例如，在湖泊和河流的治理中，会采取一系列的措施来减少污染、保护水生生物和恢复湿地生态系统。这些措施包括建设污水处理设施、加强水质监测和治理、建立生态保护区等。

中国水利工程的因地制宜原则使得其能够更好地适应不同地区的自然条件和需求。通过灵活运用不同的技术和方法，中国水利工程能够为各地区提供可靠的水资源供应，解决水资源短缺和洪涝灾害等问题，同时保护生态环境和促进可持续发展。

（三）中国大运河水利工程的价值

大运河是一个旨在解决水与人、水与水、水与地理环境之间关系的系统性工程。穿越了五大流域，将它们连通起来，形成了复杂的网络。在这些水系与大运河交汇的区域，大运河充分利用地表水系、地下水资源以及自然地形地貌，与其他水系相互交融，或趋之或避之，或利用或防备，以实现贯通全国的目的。大运河是自然水系人工化的集大成者，展示了人类对自然环境的深刻理解和改造能力。

大运河的建设不仅是为了解决水资源问题，更是为了促进人类社会的发展和繁荣。通过连接五大流域，大运河为各地区之间的贸易和交流提供了便利条件。商人们可以沿着大运河航行，将商品从一个地方运送到另一个地方，促进了经济的繁荣和发展。大运河也为农业生产提供了重要的水源，使得农民们能够更好地种植作物，提高农业产量。除了经济方面的影响，大运河还对人们的生活产生了深远的影响。在古代，大运河成了人们出行的主要交通通道之一。人们可以乘坐船只沿着大运河旅行，欣赏沿途的美景，感受不同地区的文化和风情。这种交通方式不仅方便快捷，还能够让人们更好地了解和体验各地的风土人情。大运河的建设也对环境保护起到了积极的作用。在建设过程中，人们注重保护河流的生态环境，采取了一系列措施来减少对水质和生态系统的破坏。例如，修建了堤坝和闸门来控制水流，防止洪水泛滥；建立了水利工程来调节水位和水质；开展了植树造林活动来改善河岸的生态环境等。这些措施的实施有效地保护了大运河的生态环境，使其成为一个可持续发展的工程。

在大运河的重要节点上，存在着很多与自然河流交汇的区域。这些区域是水资源利用、水力学规律认识和应用、灾害防治三大问题的交织和矛盾集中之处。为解决这些问题，大运河工程在关键节点上进行了一系列具有突出代表性的工程设计。例如，为解决通惠河段水源问题，北京人工河湖水系水源工程采用了新的水源调配方式。这项工程通过建设水库、引水渠等设施，实现了对水资源的有效利用和管理。通过科学规划和管理，确保了供水的稳定性和可靠性。为解决河道比降过大问题，通惠河与会通河的梯级船闸工程通过多级船闸实现了河道平缓过渡。这项工程不仅提高了航运的安全性和便捷性，还促进了沿岸地区的经济发展。在会通河山东段，汶上南旺运河越岭分水枢纽工程通过科学的水源分配和引流方式，确保了该地区的供水需求。这项工程不仅解决了当地居民的饮水问题，还为农业生产提供了可靠的灌溉水源。淮安运口枢纽工程采用了独特的工程设计，实现了安全、便捷的航运。这项工程不仅解决了清口一带运河渡黄问题，还为当地居民提供了便利的出行条件。淮安高家堰"蓄清刷黄"大坝关键工程发挥了重要的调节作用，有效解决了清口及清口以下黄河尾闾淤积问题。这项工程不仅保护了黄河下游地区的生态环境，还为当地居民提供了可靠的防洪保障。苏北宿迁淮安段的堤防系统工程有效地防止了河水的泛滥。不仅保护了沿岸地区的农田和房屋，还为当地居民提供了安全的生活环境。沿太湖塘路工程对水路进行了清晰、合理的规划，实现了太湖与运河分离。不仅改善了太湖水质，还为当地居民提供了优美的休闲场所。

　　中国大运河工程技术的多样性、复杂性和系统性充分反映了其沿线及周边地区异常复杂的自然地理环境。这条古老的运河穿越了中国的南北，连接了许多重要的城市和港口，因此其建设面临着许多挑战。为了应对这些挑战，中国古代工程师们采取了因地制宜、因势利导的工程技术措施，体现了中国古代文化传统中"适应自然、改造自然"的精神。

　　中国大运河的建设充分利用了当地的地理条件。由于运河沿线地势起伏较大，工程师们采用了梯级开发的方式，通过修建堤坝和水闸来调节水位，确保运河的通航能力。利用了河流的自然弯曲，将运河设计成一条蜿蜒曲折的线路，降低了工程量和施工难度。中国大运河的建设注重环境保护和生态平衡。中国古代工程师们在运河沿线种植了大量的树木和植被，以保护河岸免受侵蚀和冲刷。修建了许多湖泊和水库，用于调节运河的水量和水质，保持运河的生态平衡。这些环保措施不仅保护了运河的生态环境，也为沿岸居民提供了丰富的水资源。中国大运河的建设还注重了美学和文化价值的体现。沿线的建筑、景观和文化遗产成了中华文明的重要象征之一。例如，扬州瘦西湖、杭州西湖等景点都是大运河沿线的著名风景区，吸引了大量的游客前来观赏游览。不仅展示了中国古代建筑的独特风格，也传承了丰富的历史文化内涵。

二、中国大运河治水名人及对其贡献的再认识

中国大运河，这条历经 2500 年的古老运河，见证了中国历史的变迁，也留下了众多历史名人与大运河的密切故事。其中有的作为统治者，决策并发动了大运河的修建和拓展；有的则亲自参与了大运河的开凿和建设；还有的在大运河的重大水利工程中，发挥了关键作用。这些历史人物都对中国大运河的发展起到了重要的推动作用。

在这些人物中，最早开凿运河的是春秋时期的吴王夫差。为了北上伐齐，同时满足军事和漕运的需要，下令开凿从苏州到淮安的运河。这条运河就是后来被称为"邗沟"的运河，也是大运河的起始部分。西汉时期，吴王刘濞主持了运盐河的开凿。这条运河主要用于运输盐，它的开凿对当时的经济发展起到了重要作用。首次贯通大运河的是隋炀帝杨广，他在位期间，为了加强南北交通，提高运输效率，下令开凿整修了一条从余杭（今杭州）经洛阳到涿郡（今北京西南）的大运河。这条运河的开凿历经数年，动用了大量的人力和物力，是一项浩大的工程。在元代，科学家郭守敬主持了元代大运河的开凿。其运用了科学原理，对运河进行了精心设计和规划，使得大运河更加合理和顺畅。郭守敬的贡献对于中国水利工程的发展也产生了深远的影响。明代时期，水利官员宋礼对大运河进行了修造。他主持了南旺枢纽的开凿和建设，解决了大运河山东段的水源问题。这一工程的成功实施，使得大运河

的水得以更加顺畅地流淌，也为后来大运河的发展奠定了基础。

这些历史名人与大运河的故事，不仅是大运河发展的历史见证，更是中国古代水利工程和交通运输发展的重要缩影。他们的贡献和智慧，不仅对于当时的社会发展起到了重要作用，也对后世的科技和文化发展产生了深远的影响。

（一）夫差与中国大运河的首次开凿

夫差（图 2-1），春秋时期吴国的末代国君，以其雄心勃勃的争霸计划和出色的领导能力著称于世。据《左传》记载，鲁哀公九年（公元前 486 年），吴国开始了一项前所未有的大型工程——开凿邗沟。目的是运送军队攻打齐国。夫差利用长江和淮河之间的自然水系，将它们连接起来，从而形成了一条可供船只航行的人工河。

图 2-1　夫差雕塑

邗沟的南端始于长江的茱萸湾，位于今天的扬州市区，北端则延伸到淮河的山阳湾末口，位于今天的淮安市。这条运河的成功开凿，实现了江淮两大水系的沟通，从而形成了一条重要的水上通道。夫差在开通邗沟后的第二年，便利用这条新的水上通道北伐，凭借着水路运输的便利，吴军势如破竹，成功地打败了齐师，击退了楚兵，最终凯旋。

《水经注》中记载的邗沟走向为"中渎水自广陵北出武广湖东、陆阳湖西。二湖东西相直五里，水出其间，下注樊梁湖。旧道东北出，至博芝、射阳二湖。西北出夹耶，乃至山阳矣"。从中可以看出，邗沟的水源并非单一的河流，而是通过多个湖泊之间的连接，形成了独特的水路网络。

夫差开凿邗沟的成功，不仅为当时的吴国提供了重要的军事支持，也为中国大运河的发展奠定了基础。这条运河的开凿标志着中国古代水利工程技术的重大突破，并为后来大运河的发展提供了宝贵的经验和借鉴。

（二）汉代的运河治水名人

1. 吴王刘濞开凿运盐河

吴王刘濞是汉高祖刘邦的侄子，因为平定英布有功，被封为吴王。其封国位于东南地区，当时属于蛮荒之地。刘濞在主政吴国40多年间，将这个蛮荒之地治理得繁荣富强。他充分利用当地的自然资源，如煮海水为盐、开矿铸钱，使吴地变得富裕起来。公元前195—前154年，刘濞为了将封地东部沿海盛产的盐运到扬州，借鉴夫差的做法，主持开凿了上官运盐河。这条运河从扬州茱萸湾到海陵仓，再到海安如皋，全长约92.5千米。这条运河的开凿使得盐运变得更为便捷，也为后来大运河的发展提供了经验和借鉴。

刘濞因为其子在京城与文帝太子下棋时发生争执而被太子所杀，在封国内大量铸钱、煮盐，以扩张割据势力，图谋篡夺帝位。汉景帝采纳御史大夫晁错的建议，削夺各王国的封地，即削藩。吴王刘濞等诸侯王担心被废而走上造反的道路。刘濞的造反行动引起了朝廷的高度重视。汉景帝派遣大将军周亚夫率领大军前往镇压叛乱。经过激烈的战斗，周亚夫最终击败了刘濞的军队，将其俘虏并处死。这场叛乱虽然被迅速平息，但对汉朝的统治产生了一定的影响。刘濞的造反行动也暴露了汉朝中央集权制度中存在的一些问题。由于诸侯王拥有较大的权力和自主性，他们往往利用自己的地位来谋求私利，甚至试图篡夺帝位。为了维护国家的统一和稳定，汉朝政府不得不采取一系列措施来削弱诸侯王的权力，加强中央集权。尽管刘濞的造反行动最终失败了，但他在治理吴国期间的努力和对大运河的贡献仍然值得肯定。他的开拓精神和勇于创新的态度为后世留下了宝贵的经验教训。

2. 东汉陈登开挖邗沟

在东汉时期，陈登作为广陵太守，重新开挖了邗沟。

陈登，字元龙，来自下邳淮浦（今江苏涟水西）。他是一位非常有远见和才干的官员，对邗沟的改建工程有着深远的影响。

在当时，由于邗沟在樊梁湖以上向东北绕道，且有博芝、射阳二湖的风浪之险，随着水运的发展，避弯取直成了必然的要求。陈登意识到这一点，他考虑到水运的效率和安全性，决定对邗沟进行一次大规模的改造。于是，陈登主持的工程从樊梁湖北口开始，穿渠至津湖（界首湖，在今宝应县治南），然后从津湖北再凿渠百里通白马湖（在今宝应县西北），直至山阳末口入淮。这次改造后的邗沟运渠，被人们称为邗沟西道。这条新运道与今天的里运河大体一致，它的形成标志着中国水利工程的一大进步。在任职期间，陈登还积极筑造水利设施，如捍淮堰（高加堰前身）、破釜塘、陈公塘等，以发展农田灌溉。这些水利设施在保护淮河堤防、促进农田灌溉、提高粮食产量等方面发挥了重要作用。陈登的这些努力使得汉末迭遭破坏的江淮地区农业得到一定程度的恢复。

总的来说，陈登作为东汉时期的广陵太守，对邗沟的改建工程和水利设施的建设作出了卓越的贡献。他的工作不仅提高了水运的效率和安全性，也促进了江淮地区农业的发展。陈登是中国水利工程发展史上一位杰出的官员和工程师。

3. 曹操主持开凿白沟

曹操（图2-2）是东汉末年的杰出政治家和军事家，在历史上留下了许多重要的贡献。其中之一就是他主持开凿了白沟运河，这一工程对邺城的交通运输发展起到了决定性的作用。

图2-2　曹操雕塑

　　白沟是古代黄河的一条支流，位于今天的河南省北部。为了攻打邺城，曹操意识到需要在短时间内将白沟运河扩大和疏通，以便能够顺利运输粮食和其他物资。他下令让士兵在浚县淇门将淇水引入白沟，以通粮运。这次开凿工程不仅解决了当时的军事需求，也为后来的交通运输发展奠定了基础。在成功开凿白沟之后，曹操并没有满足于此，又相继在邺城周围兴建了一系列水利工程，如利漕渠和平虏渠等。这些工程的建设使得邺城的漕船可以由漳水、利漕渠、白沟运河和平虏渠等向北直抵河北平原北端，向南则可由黄河抵达江淮地区。这样一来，邺城就成了南北水运交通的重要枢纽，为经济的发展和交流提供了便利条件。

　　曹操开凿的白沟运河（隋唐大运河的前身）为邺城锦上添花，使得邺城的战略地位变得更加突出。白沟运河的开凿不仅解决了当时的军事需求，也为后来大运河的发展奠定了重要基础。这条运河的开通使得北方和南方之间的贸易和文化交流更加便捷，对于促进国家的繁荣和发展起到了积极的作用。

曹操主持开凿的白沟运河以及后续的水利工程建设，为邺城的交通运输发展带来了巨大的变革。这些工程不仅解决了当时的军事需求，也为后来大运河的发展打下了坚实的基础。曹操的贡献不仅体现在他的军事才能和政治智慧上，也体现在他对国家交通发展的远见卓识上。

（三）杨广与中国大运河的首次贯通

隋炀帝杨广（569—618 年）是隋文帝杨坚与文献皇后独孤伽罗的次子，也是隋朝的第二位皇帝（图 2-3）。他在位期间进行了许多重大的改革和建设，其中最为著名的就是修建大运河。大运河的修建是隋炀帝为了连接南北方的水路运输，促进经济和文化交流而进行的。在隋文帝时期，已经修建了一条名为广通渠的运河，但随着南北政治、经济和文化的发展，这条运河已经不能满足社会的需求。因此，隋炀帝即位后，立即下令调征大量人力进行运河的扩建和改建。大业元年（605 年），隋炀帝开始修建通济渠。这个工程规模巨大，征调了河南、淮北诸郡的 100 多万名民工，经过多年的努力，终于完成了这条连接黄河和长江的运河。通济渠的修建为南北方的水路运输提供了便利，促进了沿岸商业和农业的发展。

除了通济渠，隋炀帝还修建了邗沟和永济渠等运河。邗沟是连接淮河和长江的一条重要水道，而永济渠则是为了供应征讨高句丽所需的物资而修建的。这些运河的修建使得南北方的水路运输更加便捷，促进了经济和文化的交流和发展。隋炀帝下令开凿大运河的工程前后用了六年的时间，动用了大量的人力、物力，对于中国历史的发展产生了深远的影响。大运河的开通使得南北方的水路运输更加便捷，促进了经济和文化的发展和交流。大运河也为隋朝的政治统一和稳定提供了有力的支持，使得南北方的政治和文化逐渐融合在了一起。

大运河的修建不仅是一项水利工程，更是一项文化和社会变革的举措。

为中国历史的发展注入了新的活力，也为后来的水利工程和交通发展提供了宝贵的经验和借鉴。通过修建大运河，隋炀帝展示了卓越的领导能力和远见卓识，为中国历史留下了浓墨重彩的一笔。

图 2-3　隋炀帝陵

（四）唐宋治水名人

1. 李吉甫修筑平津堰

李吉甫是唐代的一位重要政治家和改革家，在唐宪宗时期担任过多个要职，包括宰相和淮南节度使等。在政治生涯中，曾经主持修建了平津堰（图2-4），这是一项重要的水利工程，位于江苏省高邮市。平津堰的修建始于唐代元和年间，当时淮南节度使李吉甫为了调节运河水位，保障航运安全，主持修建了这一水利设施。这项工程是在原有的运河河道上进行改建，将河道重新规划设计，以适应新的航运需求。平津堰的修建主要是为了防止运河水位过高或过低，以保障航运的稳定。当运河水位过高时，平津堰可以起到分流的作用，将多余的水分流到其他河流中，从而避免水位过高对航运造成影响。当运河水位过低时，平津堰可以起到调节的作用，将其他河流的水引入运河中，从而保障航运的正常进行。

图 2-4　平津堰遗址

除了其实际功能，平津堰还具有很高的文化价值。在历史上，平津堰曾经是重要的交通枢纽和商业中心，见证了中国古代的繁荣和发展。连接了淮河和长江两大水系，使得货物和人员能够更加便捷地流动。平津堰是中国水利工程史上的重要遗产之一，为中国水利工程的发展作出了重要的贡献。平津堰的修建不仅是一项水利工程，还体现了李吉甫的智慧和领导才能。通过合理的规划和设计，成功地解决了运河水位的问题，为航运提供了稳定的条件。这项工程的成功也彰显了唐朝政府对水利事业的重视和支持。

如今，平津堰已经成了一处旅游景点，吸引着众多游客前来参观。人们可以在这里欣赏到古代水利工程的壮丽景观，感受历史的厚重和文化的底蕴。同时，平津堰也是一个教育资源，可以通过参观和学习，了解中国古代水利工程的发展和演变过程。

2. 姜师度相地

姜师度是唐代的官员和水利工程师，因在水利建设中的卓越贡献而闻名。曾经在河北、山西、陕西等地主持修建了多项大型水利工程，为当地农业生产和交通运输的发展作出了重要的贡献。

在河北地区，姜师度主持修建了运城盐湖的水利工程。运城盐湖是当时中国最大的盐湖，具有极高的经济价值。为了充分利用盐湖资源，姜师度设计并修建了一条水渠，将附近的黄河水引入盐湖中，以调节湖水的盐度。这一水利工程不仅使得盐湖资源得到了有效的开发和利用，还为当地农业生产和交通运输的发展提供了重要的支持。

除了在河北地区的水利工程，姜师度还在其他地区主持修建了许多重要的水利设施。例如，在山西地区，他主持修建了多条水渠和堤坝，为当地农田提供了充足的水源和保护。这些水渠和堤坝的建设，有效地解决了山西地区长期以来的水资源短缺问题，为农民提供了稳定的灌溉水源，促进了农作物的生长。这些水利设施还起到了防洪的作用，保护了农田免受洪水的侵袭。在陕西地区，姜师度设计并修建了多条水渠和灌溉系统，使得当地农田得到了有效的灌溉和保护。这些水渠和灌溉系统的建设，不仅解决了陕西地区农田的灌溉问题，还提高了农作物的产量和质量。通过合理的灌溉系统，农民可以精确地控制灌溉水量和时间，避免了水资源的浪费和土壤的盐碱化。这些水利设施还为当地的畜牧业提供了充足的水源，促进了畜牧业的发展。

姜师度的水利工程在河北、山西和陕西等地区发挥了重要的作用。通过修建水渠、堤坝和灌溉系统等水利设施，有效地解决了当地的水资源短缺问题，为农田提供了充足的水源，促进了农业生产的发展。为当地的交通运输提供了重要的支持，改善了交通条件，促进了经济的发展。姜师度的水利工程不仅在当时具有重要意义，也为后世留下了宝贵的经验和启示。不仅为当地的农业生产和交通运输提供了重要的支持，还对中国水利工程的发展作出了重要的贡献。其水利设计理念和工程技术对后来的水利工程产生了深远的影响，姜师度也因此被誉为中国古代水利工程大师之一。

3. 范仲淹治水

范仲淹（989—1052年）是北宋著名政治家、文学家，在中国历史上有着很高的声誉。在治水方面，范仲淹主持修建了捍海堰，这是一项具有重要意义的工程。

捍海堰位于江苏省南通市，是当地一项重要的水利工程，旨在防止海潮对农田和村庄的侵袭。范仲淹在治理当地水患时，注重实地考察，了解到当地的海潮情况，并根据实际情况制定了修建捍海堰的方案。在修建捍海堰的过程中，范仲淹采取了科学的方法和材料。他使用糯米灰等材料来加固堤坝，并利用地形和水的自然流动来设计堤坝的走向；采用分段治理的方式，将整个捍海堰分为多个段落，每个段落都有专人负责维护和管理。

捍海堰的修建取得了显著的成效，有效地防止了海潮对农田和村庄的侵袭，保护了当地居民的生产和生活环境。捍海堰还为当地的农业生产提供了保障，使得农田能够得到充足的水源灌溉。范仲淹的治水理念和工程技术对后世的水利工程产生了深远的影响。治水经验和方法论被广泛应用于各地的水利工程建设中，为中国的水利事业作出了重要的贡献。

（五）郭守敬与中国大运河的第二次贯通

郭守敬（1231—1316年）是元代著名科学家和水利工程师，他的个人经历充满了传奇色彩。郭守敬出生于邢州邢台县（今河北省邢台市信都区），自幼聪明好学，曾跟随祖父和父亲学习水利工程和天文学等知识。在年轻时便展现出了非凡的才华，不仅在水利工程方面有着过人的造诣，在天文学、数学等领域也有着卓越的成就。

郭守敬的成名之作是他在天文历法方面的贡献。他与王恂、许衡等人共同修订了新历法，历时四年，制定出《授时历》，成为当时世界上最先进的一种历法，通行三百六十多年。此外，他还发明了简仪、高表等十二种新仪器，为当时的科学研究和水利工程提供了重要的工具。在元世祖忽必烈时期，郭守敬因才华出众被任命为都水监，负责修治元大都至通州的运河。

郭守敬初见元世祖时，提出了六条水利建议，其中第一条就是修复从当时的中都（今北京）到通州（今通州区）的漕运河道。元世祖对郭守敬的建议非常重视，立即任命他为提举诸路河渠，掌管各地河渠的整修和管理等工作。一年后，他又升为银符副河渠使。为了开凿会通河，郭守敬曾考察过山东济宁、东平、临清等地。根据他的测量，会通河于1289年凿通，水源来自汶河，由城坝把汶河水的三分之二经黄河引至济宁，在济宁建天井闸分水，使航运成为可能。

在元朝，大都城内每年消费的粮食达几百万斤。这些粮食绝大部分是从南方产粮地区征运来的。为了便于运输，从金朝起，在华北平原上利用天然水道和隋唐以来修建的运河建立了一个运输系统。但由于受自然条件的影响，它的终点不是北京，而是京东的通州，离京城还有几十里路。这几十里的路程只有陆路可通。陆路运输要占用大量的车、马、役夫；一到雨季，泥泞难走，沿路要倒毙许多牲口，粮车往往陷在泥中，夫役们苦不堪言。

为了解决这一问题，郭守敬提出了一个新的方案。他建议从当时的昌平县白浮村引神山泉，西折南转，会双塔、榆河、一亩、玉泉诸水，又东南流，汇入大都积水潭泊船港，而后大致循金国的运河故道至通州高丽庄接白河。这条新开通的运河不仅能够解决运输问题，而且可以增加水源，提高航线的安全性。在郭守敬的建议和主持下，元朝政府开始实施这一伟大的水利工程。经过多年的努力，新运河终于开通，完成了中国大运河的第二次贯通。这一壮举不仅提高了南北地区的经济和文化交流水平，而且对中国的水利事业产生了深远的影响。

郭守敬是一位杰出的科学家和工程师，他的成就不仅体现在天文学、数学等领域，更体现在对中国水利事业的卓越贡献上（图2-5）。他主持开通的元代大运河，不仅解决了当时面临的水运问题，而且为后世的经济发展和文化交流奠定了坚实的基础。

图 2-5　郭守敬纪念馆

（六）明清治水名人

1. 宋礼和白英与南旺枢纽

明朝初期，大运河在山东段的通航成了一个亟待解决的问题。由于该地区的水源不足，导致运河无法保证稳定的通航，对南北地区的经济和文化交流产生了严重的影响。为了解决这一问题，时任工部尚书的宋礼接受了汶上民间水利专家白英的建议，决定在南旺创建分水枢纽工程。

宋礼是明朝初期的一位著名政治家和水利专家，在治理大运河方面展现出了卓越的才能和智慧。通过深入调查和研究，宋礼对运河的水源问题进行了详细的分析，并提出了具体的解决方案。决定利用大汶河上的坎河口地势高于南旺的有利条件，在坎河口修筑戴村坝，成功地截住了大汶河之水。

白英是汶上县的一位民间水利专家，对汶河的水文情况非常了解，他在深入研究和探索后，找到了解决运河水源不足的方法。他建议从戴村坝至南旺分水口开挖一条长达80余里的小汶河，将汶河的水流引导至南旺分水口。

为了实现这一目标，宋礼和白英首先对汶上县东北各山泉进行了收集和疏导，将它们汇入泉河至分水口。在小汶河入运的"T"字形水口修建了石头护坡，并建立了分水拔刺（鱼嘴），实现了南北分水。这样，成功地解决了运河水源不足的问题，并保证了运河的稳定通航。

这个分水枢纽工程是集引水、蓄水、分水、排水于一体的综合性大型工程，不仅解决了当时运河水源不足的问题，而且为后代留下了丰富的水利遗产。南旺枢纽成了大运河山东段的重要水利工程之一，许多当时的治水方法沿用至今。

白英的功绩一直被明、清两代所铭记。明永乐皇帝追封他为"功漕神"，清乾隆皇帝追封他为"永济神"，并建起白公祠，颂扬他为大运河持续通航所作出的卓越贡献。这一历史事件记录了中国古代水利工程的重要发展历程，也彰显了宋礼和白英的杰出贡献。

宋礼和白英在解决大运河山东段水源不足的问题上发挥了关键作用。他们用智慧和才能为后人留下了宝贵的水利遗产，对中国古代水利工程的发展产生了深远的影响。这个分水枢纽工程是古代水利工程的一个典范，展现了人类对自然环境的科学认识和把握能力。

2. 靳辅和陈潢

靳辅（1633—1692年）和陈潢（1638—1689年）都是清代著名的水利工程专家，在治理黄河、淮河、运河等河流方面取得了显著的成就。

靳辅自幼知书识礼，顺治六年（1649年）走上仕途。康熙十年（1671年），被任命为安徽巡抚，成了一方要员，在任共六年，做了许多利民的举措。康熙十六年（1677年），开始担任河道总督。在治河工程中，靳辅采取了筑堤束水、以水攻沙等措施，将黄河、淮河、运河视作一个整体，全盘考虑防汛、减灾、通航、漕运等事宜，成功地治理了黄河、淮河和运河等河流，使得这些河流的水患得到了有效的控制。

陈潢也是一位杰出的水利工程专家，在协助河道总督靳辅治理黄河、淮河和运河过程中，继承和发展了明潘季驯"筑堤束水，以水攻沙"的治河方略。根据对黄河大量调查研究后所掌握的黄河水文、泥沙规律，进一步提出"逼淮注黄、蓄清刷浑"的主张，在治河中取得了成功。他还提出了完整的流量计算方法，称为"测水法"，即先测出水流速度及河道横断面积，二者相乘即得流量，称作"水方"。

靳辅和陈潢都是清代著名的水利工程专家，在治理河流方面取得了显著的成就，为中国的水利事业作出了卓越的贡献。不仅继承了前人的经验和技术，还在实践中不断创新和发展；不仅有效地解决了当时面临的水患问题，也为后世留下了宝贵的经验和教训。

三、中国大运河著名水利工程遗址及其文化内涵的再认识

中国大运河——这条历经千年的水路大动脉，见证了中国历史的变迁和文化的传承。大运河不仅是一条沟通南北的水上通道，更是中华民族智慧和精神的象征。在大运河沿线分布着许多著名的水利工程遗址，是中国古代水

利工程技术的杰出代表，也是中华文明的重要组成部分。

1. 平津堰遗址

平津堰遗址位于江苏省高邮市境内，处在京杭大运河的中心位置。作为世界遗产京杭大运河的重要组成部分，平津堰遗址见证了中国古代水利工程技术的卓越成就和中华文明的辉煌历史。该遗址是唐代后期至宋代为调节运河水位而建的重要水利设施，现存明代条石砌成的古石堰，保存状况良好，具有极高的历史、科学和艺术价值。

平津堰的修建始于唐朝后期，当时运河水位不稳定，给漕运带来了很大的困扰。为了调节运河水位，保障漕运的畅通，平津堰应运而生。平津堰的建设历经了多个朝代，逐渐完善和扩展，成了当时中国南方地区最大的水利工程之一。

平津堰遗址的发现和挖掘揭示了中国古代水利工程的高度和复杂性。通过考古研究，发现平津堰主要由堰体、闸门、堤防等部分组成，其中堰体采用条石砌成，坚固耐用，能够承受运河水的冲刷和压力。同时，平津堰的闸门和堤防等设施的设计和建造也充分考虑了防洪、蓄水、灌溉等多种功能，体现了中国古代人民的智慧和创造力。

平津堰的修建对于当时京杭大运河的运行起到了至关重要的作用。平津堰能够调节运河水位，保证船只顺利通行。在古代，运河是南北交通的重要通道，而船只是主要的交通工具。由于地理环境的影响，运河水位会随着季节和气候的变化而波动，给漕运带来很大的困难。而平津堰的建设使得运河水位得到了有效的控制，保障了漕运的畅通。平津堰还能够防止河水下泄，避免对周边地区造成洪涝灾害。在古代，洪水灾害是常见的自然灾害之一，给人民的生产和生活带来了很大的威胁。而平津堰的建设能够有效地拦截河水，减小洪水对周边地区的影响，保障人民的生命财产安全。

除了在实用方面的价值，平津堰还具有重要的历史价值和文化意义。平津堰是中国古代水利工程的杰作之一，展示了中国古代人民的智慧和勤劳精神。在当时的技术条件下，建设如此大规模的水利工程需要耗费大量的人力和物力，体现了中国古代人民对于水利事业的执着追求和坚定信念。平津堰也是中国传统文化的重要载体之一。在建设过程中，中国古代人民不仅考虑了工程的技术要求，还充分考虑了风水、水文等因素，体现了"天人合一"的哲学思想。平津堰的建设也为中国古代文学、艺术等领域提供了丰富的素材和灵感来源。

在现代社会，平津堰遗址已经得到了充分的保护和利用。政府和社会各界加大了对平津堰遗址的投入和保护力度，开展了一系列的研究、发掘、修复等工作，使得这一古代水利工程的原貌得以完整地呈现给世人。平津堰遗址也成了一个重要的旅游景点和文化产业基地，吸引了大量的游客前来参观和考察，对于推动当地经济的发展和文化交流起到了积极的作用。

平津堰遗址是中国古代水利工程的重要遗产之一，具有极高的历史、科学和文化价值。通过对平津堰遗址的研究和保护，更好地认识和了解中国古代水利工程的技术成就和中华文明的辉煌历史，也为现代社会的发展提供了一定的借鉴和启示。

2. 长安三闸

长安三闸是中国古代水利工程的重要遗址，位于浙江省杭州市西北 12 千米的盐官县长安镇境内，是江南运河的南端。这个遗址代表着中国古代最先进的水利技术，也是大运河的重要遗产之一。

长安三闸由三门二澳组成，其中三门形成的两间闸室："自下闸九十余步至中闸，又八十余步至上闸"，两个闸室长度分别约为 140 米和 130 米。傍运河西岸为水澳："两澳环以堤，上澳九十八亩，下澳百三十二亩。"这些设施可以有效地调节运河水位，保证船只的通行。

长安三闸的工程设施和运行机制与京口闸基本类似。运行原理是利用水力学原理，通过控制闸门开启和关闭来调节运河水位，以确保船只能够顺利通过。长安三闸还具有防洪和蓄水等功能，对于当时的交通运输和经济发展起到了重要的作用。

在历史上，长安三闸也经历了多次修缮和改造。元初长安闸一度废弃，"两澳为民所侵"，但该闸一直用到清中期。直到中华人民共和国成立后，政府对长安三闸进行了多次维修和改造，使得这一古老的水利工程得以保存至今。

长安三闸作为中国古代水利工程的重要遗产之一，具有极高的历史、科学和文化价值。通过对长安三闸的研究，可以更好地认识和了解中国古代水利工程的技术成就和中华文明的辉煌历史。长安三闸的保护也具有重要意义，可以为现代水利工程的设计和管理提供借鉴和参考，促进旅游业的发展。应该加强对长安三闸的保护和管理，使其成为人们学习和传承中华文明的重要场所。

3.南旺分水引水工程

南旺分水引水工程是历史上一项著名的水利工程，位于山东省济宁市汶上县，被誉为大运河的关键节点。这个工程的主要目的是解决水位落差问题，以确保船只能够顺利通过。

在元朝时期，为了开凿京杭大运河，南旺成了大运河的"水脊"。然而，会通河面临着水源缺乏和分水制高点选择错误的难题。元代曾错误地将分水制高点选在非水脊的济宁附近的会源闸，结果导致往北引水困难，水源不足，船舶搁浅，漕运仍然以海运为主。

明朝初期，工部尚书宋礼和汶上民间水利家白英经过勘察，决定在戴村筑坝建分水工程，使汶水西行，从南旺入运河。工程七分向北流，进入漳、卫；三分向南流，进入黄、淮。这一举措成功地解决了大运河在南旺的水源问题，使得船只能够顺利通过。

南旺分水引水工程是中国古代水利工程的杰出代表之一，展示了中国古代人民的智慧和勤劳精神。不仅为大运河的畅通作出了重要贡献，也成了后人研究古代水利工程的重要参考，对于后世的水利工程建设具有重要的借鉴意义。

在南旺分水引水工程的建设过程中，需要克服许多困难和挑战。由于地势复杂，施工难度较大，为了保证工程的顺利进行，需要大量的人力、物力投入。需要考虑到环境保护和生态平衡的问题。通过中国古代人民的不懈努力和智慧，这些困难最终被克服了。南旺分水引水工程的成功不仅解决了大运河的水源问题，还为当地的农业灌溉提供了便利，促进了经济的发展和贸易的繁荣。南旺分水引水工程的建设成果得到了广泛的认可和赞誉，成了中国古代水利工程的典范之一。如今，南旺分水引水工程仍然发挥着重要的作用。它不仅是大运河的重要组成部分，也是当地人民生活的重要保障。每年的水利工程维护和修复工作都在进行中，以确保工程的正常运行和长期稳定。

4. 清口水利枢纽遗址

清口水利枢纽遗址，是一个具有重大历史价值的遗迹，主要分布在淮安市淮阴区马头镇的范围内。遗址占地广阔，几乎涵盖了以淮阴区马头镇为核心的近 50 平方千米的土地。在这片土地上，河流、堤坝、涵闸等水利工程设施星罗棋布，形成了独特的地理特征。其中，核心区的三闸遗址尤为引人注目，与周围的众多遗址共同构成了清口水利枢纽遗址的全貌。经过千年的风霜雨雪，遗址的总体布局仍然基本维持着历史的原貌，展现出古代水利工程的杰出成就和中华民族的智慧与创造力。

清口，这个充满历史底蕴的名字，对于古代的淮河和泗水来说，具有特别的意义。在人类水上交通的启蒙时代，清口就是一条重要的交通枢纽和咽喉要地。位于古淮、泗水的交汇处，是自然航道中的一个关键节点。从隋炀帝时期开始，东西大运河的建设就成了重要的历史事件。从通济渠出发，经过山阳渎，最终到达长江，而清口正是这条运河的重要节点。

到了元明清时期，南北大运河的建设也成了重要的历史任务。里运河从这里向北延伸，早期入黄淮，而在清代之后，它又穿过黄淮，进入中运河。使得清口成了东西大运河与南北大运河的交汇之处，在古代的交通、经济和文化中都占据了重要的地位。

清口水利枢纽遗址也是中国古代水利工程技术的杰出代表之一。其中水利设施的功能多样，包括防洪、航运、灌溉等。在建造过程中，中国古代工程师们充分利用了地理优势和水文条件，设计出巧妙的建筑结构和运行机制。在保障了农业丰收、促进了商业繁荣的同时，也体现了中国古代建筑艺术的精髓和智慧。清口水利枢纽遗址还是一个具有极高生态价值的场所。水利设施在保障了农业丰收的同时，也起到了保护水资源和生态环境的作用。中国古代工程师们在设计和建造这些设施时，充分考虑了自然环境和生态平衡的因素，使得这些设施在运行过程中对环境的影响最小化。同时这些设施是各种生物的重要栖息地和迁徙通道，对于维护生态平衡和生物多样性具有重要意义。

第三章

中国大运河建筑文化的解读

中国大运河——这条横跨南北、穿越千年的水路，见证了中国历史的跌宕起伏，承载着丰富的文化内涵。作为世界文化遗产，中国大运河不仅代表着中国古代水利工程的杰出成就，更是一部流动的历史长卷，描绘了中华民族在建筑艺术、人文景观和自然风光等方面的智慧与创造力。在这条人工河上，大运河的建筑文化熠熠生辉，独具魅力。不仅在功能上起到了防洪、航运、灌溉等重要作用，更在美学上展现了古人的审美情趣和艺术追求。从古至今，大运河的建筑风格经历了多次变迁与融合，逐渐形成了具有鲜明地域特色和民族风格的建筑体系。这一章将深入解读中国大运河的建筑文化。通过探究不同时期、不同地域的大运河建筑风格，领略古人的智慧与匠心独运。

一、中国大运河建筑文化的独特魅力与价值

中国大运河建筑文化的独特魅力与价值，不仅体现在历史文化、建筑艺术、水利工程等方面，也体现在旅游和生态保护等方面。它是中国古代文化和自然环境相互融合的杰出代表，是中国文化的瑰宝之一。通过保护和传承大运河的建筑文化，不仅可以更好地了解中国古代文明的辉煌，也可以为当代社会的发展提供宝贵的经验和启示。

历史文化价值：大运河作为人类利用自然、造福人类的杰作，不仅是中

国南北交通的大动脉，更是对中国古代政治、经济、文化交流产生了巨大影响的重要载体。大运河的开凿和运营，对中国的历史和文化产生了深远的影响，形成了独特的运河文化，见证了中国古代社会的繁荣与发展，承载了丰富的历史记忆和文化传承。

建筑艺术价值：大运河的建筑风格独特，包括桥梁、堤坝、码头等，不仅在结构上精美，在建筑材料的选用和装饰上也充满了艺术气息，具有极高的艺术价值和观赏性，是中国古代建筑艺术的瑰宝。同时展示了古代建筑师的智慧和技艺，体现了中国传统建筑的精髓和特色。

水利工程价值：大运河的开凿和运营，体现了中国古代水利工程的杰出成就。大运河在防洪、航运、灌溉等方面发挥了重要的作用，为沿岸的农业生产和商业交流提供了便利。它的建设和维护需要精密的水利技术和管理经验，展现了中国古代人民的智慧。

旅游价值：大运河以其独特的自然风光和人文景观，吸引了大量的游客。大运河沿岸的古镇、古桥、古建筑等，都是游客喜爱的景点。大运河的旅游价值得到了越来越高的重视和开发，成了中国旅游业的重要组成部分，为当地经济发展和文化交流带来了巨大的推动力。

生态价值：大运河的水源保护和生态环境的改善也是大运河的重要价值之一。大运河沿岸的绿化带和湿地公园的建设，对保护水源、维护生态平衡起到了积极的作用。为野生动植物提供了栖息地和食物来源，促进了生物多样性的保护和恢复。

二、中国大运河著名建筑及其历史文化内涵的再认识

中国大运河——这条流淌着千年历史与文化的河流，见证了中国古代人民的智慧与勤劳。在这条人工河上，众多著名的建筑点缀其间，不仅在功能上起到了重要的作用，而且在美学上展现了独特的魅力，是中国古代水利工程、建筑艺术和历史文化的重要载体。

（一）中国大运河上的桥

1. 宝带桥

在中国大运河沿线，享有"桥乡"美誉的城市有两个，一是苏州，二是绍兴。易君左先生曾为苏州填词："红阑干畔，白粉墙头，桥影媚，橹声柔，清清爽爽，静静悠悠，最爱是苏州。"唐代诗人、曾任苏州刺史的白居易也曾经称赞苏州的桥："绿浪东西南北水，红栏三百九十桥。"据记载，宋代《平江图碑》上刻有359座桥梁，到了民国时期，城内城外总计达1000多座桥。苏州城虽然被人们称为"东方威尼斯"，但桥梁的数量之多，每平方千米平均有15座，远超过了意大利著名水城威尼斯。

而在苏州的桥梁中，最著名的当数中国大运河上的宝带桥（图3-1）。宝带桥位于苏州南部的吴江塘路上，始建于816—819年之间，因其形似宝带而得名。1442—1446年改建为53孔连拱石桥，沿用至今。宝带桥是江南运河河岸上的桥梁与水门，长度超过300米，是多孔薄墩连拱形石桥，代表了中国古代桥梁工程设计施工的卓越水平。明代吴门画派的代表人物文徵明曾作过一首《宝带桥》诗："云开霄汉远，春入五湖深。天外虹飞彩，波心日泻金。三江自襟带，双岛互浮沉。十里吴塘近，归帆带暝阴。"乾隆皇帝也曾作过一首叫《过宝带桥有咏》的诗："金阊清晓放舟行，宝带威锋网波漾轻。孔五十三易疏泄，涨痕犹见与桥平。"

图3-1　宝带桥

这座古老的宝带桥不仅见证了中国古代水利工程和建筑艺术的发展历程，也是苏州地区文化和历史的象征之一。无论是从历史价值、文化内涵还是建筑美学角度来看，宝带桥都是中国大运河沿线的一颗璀璨明珠。

2. 灭渡桥

在苏州，横跨于中国大运河之上的另一座著名桥梁是灭渡桥（图3-2）。这座桥位于苏州古城东南隅葑门外，据杨德辉的《重修觅渡桥记》所述，此处原为水陆要冲，原本设有渡船，但旅客无法忍受舟人的敲诈。昆山僧人敬修为了平息民怨，发誓建桥。他与里人陈玠、张光福等人共同募集银钱，自元大德二年（1298年）动工至大德五年（1301年）建成，取名"灭渡"。《吴县志》记载："志平横暴也。"苏州话中"灭""觅"同音，这座桥如今被误称为"觅渡桥"。

图 3-2　灭渡桥侧图

灭渡桥采用增大跨度的方法而不做多孔设计，以适应水流湍急，过往船只体量大、往返频繁的需要。在拱顶与面石间不加填层，并尽量增加桥身坡长，使大桥平缓易行，高而不峻，稳重大方，堪称江南古桥梁中的成功作品。

关于灭渡桥也有一段传说。据说在苏州有句俗谚叫作"造塔修桥全要神仙帮忙"，因此许多古桥的修造都有神仙相助。而灭渡桥的修建也不例外。据传，在修建灭渡桥时，有一位神仙帮助了敬修和尚。神仙告诉敬修："你要建桥，必须先找到一个'成人之美'的地方。"敬修四处寻找，终于在苏州的一处风景秀丽的地方找到了一座湖心岛。这里原本是渔民们捕鱼的地方，但为了建桥，渔民们决定将湖心岛让出来作为建桥的地方。神仙看到敬修如此诚心诚意，便施展法术，将湖心岛与陆地相连，使得灭渡桥得以顺利建成。

3.嘉兴长虹桥

我国有四处著名的长虹桥，它们分别位于嘉兴、云南、北京和台湾。其中，嘉兴长虹桥（图3-3）横跨于江南运河之上，是嘉兴市最大的石拱桥，位于嘉兴市郊区王江泾镇一里街东南。这座桥始建于明万历三十九年至天启元年（1611—1621年），经过多次修缮，至今已有四百年的历史。

图3-3　嘉兴长虹桥

嘉兴长虹桥是一座气势宏伟、形似长虹的三孔实腹石拱大桥，全长72.8米，桥面宽4.9米，东西桥阶斜长为30米，各有台阶57级，用长条石砌置。每个桥拱都是半圆形石拱，其中主孔净跨16.2米，拱矢高10.7米，而东西两边孔净跨9.3米，拱矢高7.2米。桥边孔两侧的两副对联分别是"劝世入善，愿天作福"和"千秋水庆，万古长龄"，中孔楹联则是"淑气风光架岭送登彼岸，洞天云汉横梁稳步长堤"和"福泽长流物阜民安国泰，慈航普渡江平海晏河清"。

登上嘉兴长虹桥，可以远眺四周美景，令人心旷神怡。古人曾有诗赞曰：

"虹影卧澄波，登高供远瞻。南浮越水白，北接吴山绿。"这座桥保存得很好，造型独特，充满了历史与文化的魅力。其独特的建筑风格和深厚的文化内涵使得嘉兴长虹桥成了中国大运河上的一颗璀璨明珠。

嘉兴长虹桥作为一座古老的桥梁，见证了历史的变迁和文化的传承。它不仅是嘉兴市的重要地标，也是游客了解当地历史文化的重要场所。每年都有大量的游客前来参观游览，欣赏这座古老桥梁的美丽和独特之处。

除了嘉兴长虹桥，我国还有其他三处著名的长虹桥。云南的长虹桥位于云南省昆明市，是一座跨越滇池的古老桥梁。北京的长虹桥位于北京市西城区，是连接故宫和北海公园的重要通道。台湾的长虹桥则位于台北市，是一座历史悠久的桥梁，连接着台北市中心和淡水河两岸。这些长虹桥不仅在地理位置上具有重要意义，更是承载着丰富的历史文化内涵。它们见证了我国古代建筑工艺的精湛和人们对美好生活的追求。每座长虹桥都有其独特的设计和建造风格，展现了不同地域的文化特色和审美观念。

4. 拱宸桥

拱宸桥（图3-4），位于中国浙江省杭州市北部的大运河杭州塘上，是一座具有重要历史意义的桥梁。它不仅是京杭大运河从北京到杭州的终点标志，也是杭州城区最大的一座石拱桥。这座桥梁不仅具有丰富的历史价值，而且在现代社会中仍然发挥着重要的作用，为人们出行提供了便捷的交通方式。

图 3-4　拱宸桥

拱宸桥的建造始于明崇祯四年（1631年），由当时的商人夏木江发起并倡导建设。然而，这座桥梁在历史的长河中经历了多次毁坏和重建。其中，清顺治八年（1651年）桥身曾发生坍塌，康熙五十三年（1714年）由浙江布政使段志熙倡导并捐筑，云林寺的慧辂也竭力捐募款项相助。雍正四年（1726年），右副都御史李卫率属下捐俸重修，把桥加厚2尺，加宽2尺，并作《重建拱宸桥记》。据《1860年杭州拱宸桥老照片》介绍，清同治二年（1863年）秋，左宗棠率湘军及"常捷军"向杭城的太平军猛攻，由于拱宸桥桥心设有太平军堡垒，战火洗劫后，此桥再次濒于倒塌。光绪十一年（1885年），在杭州人丁丙的主持下重修。

在拱宸桥的桥面中间，曾经铺筑了2.7米宽的混凝土斜面，以通汽车和人力车。然而，自杭州市人民政府规定拱宸桥禁止通行机动车以来，这座古老的桥梁得以更好地保护。2005年，拱宸桥进行了120年来首次大修，这也是其历史上的一次重要修复。此外，2006年，杭州运河集团又将长3米、重2吨的护桥石更换，以确保桥梁的安全。

拱宸桥不仅是中国大运河上的重要历史遗迹，也是杭州城市发展的重要里程碑。它见证了中国古代文明的繁荣和衰落，也见证了现代中国的发展和变迁。作为文化遗产的重要组成部分，拱宸桥将永远铭刻在中国的历史记忆中，并继续为人们提供便捷的交通通道。

5. 广济桥

在中国，广济桥是一座非常有名的桥梁建筑，它的名字在许多地方都有出现。特别是在江南运河上，有两座广济桥，分别位于常州和杭州塘栖。其中，杭州塘栖的广济桥曾经被人们称为通济桥、碧天桥，或者简单地称为长桥。这座桥梁坐落在杭州塘沿线的塘栖古镇上，是中国大运河上保存较好的薄墩连拱七孔实腹拱桥，也是大运河上至今规模最大的薄墩连拱石桥。

广济桥的全长为78.7米，桥面宽度为5.2米，桥身高度达到了7.75米，中孔的净跨距离为15.6米。这座桥梁的七个桥孔是通过拱券纵联并列分节砌筑而成的。关于广济桥的始建年代，并没有确切的记录，但据传这座桥梁是在唐代宝历年间建成的。

明代弘治年间，广济桥发生了倒塌的情况。然而，一个名叫陈守清的僧人决心重建此桥，传说他削发为僧，开始募捐。他的行动甚至传到了北京，他不仅得到了皇太后的赏赐，还得到了宫中众多嫔妃以及朝廷大臣们的资助。《塘栖志》卷三《桥梁》记载："通济长桥在塘栖镇，弘治二年建。"最终，在众人的努力下，新的广济桥于弘治十一年（1498 年）得以建成。

到了清康熙年间（1662—1722 年），广济桥进行了重修。如今，广济长桥气势如虹，造型秀丽，已经度过了五百多年的风霜，仍然稳稳地矗立在运河之上。它的雄伟身姿和悠久历史使它成了中国大运河上不可或缺的一部分。广济桥见证了中国古代文明的繁荣和衰落，也见证了现代中国的发展和变迁。无论是古代还是现代，广济桥都是一座令人赞叹的建筑，承载着丰富的历史和文化内涵，吸引着无数游客前来观赏和游览。

6. 八字桥

绍兴——这座被誉为"桥城"的城市，以其独特的桥梁文化而闻名。绍兴的特点是"粉墙风动竹，水巷小桥通"，这座城市的魅力在很大程度上得益于其水道交错、桥梁众多的特色。陈从周先生在《绍兴石桥》一书中详细描述了绍兴的桥梁，他称绍兴为"我国石桥宝库，在世界桥梁史上占极光彩的一页"。

据绍兴市交通运输部门 1993 年底的统计，全市有桥 10610 座，其中有许多是清代以前的古桥。绍兴当地有许多生动隽永的桥谚，用数字历数城内的桥有：一是大木桥，二是凤仪桥（绍兴人"二""仪"同音），三是三脚桥，四是螺蛳桥（绍兴人"四""蛳"同音），五是鲤鱼桥（绍兴人"五""鱼"同音），六是福禄桥（绍兴人"六""禄"同音），七是颤山桥（绍兴人"颤"与"七"谐音），八是八字桥，九是酒务桥（绍兴人"酒""九"同音），十是日晖桥（绍兴人"加""日"同音）。这些桥梁大多由民间发起，群众集资建造而成。桥建成后，一般均要立碑记事。绍兴人喜欢在桥旁聊天，夏日纳凉，因桥头来往人多，消息灵通。桥头立市，桥旁纳凉，桥是水乡的重要交通设施，故往往建在四方要冲之处。

在这些桥梁中，最为著名的当数八字桥。这座位于绍兴城河段运道上的梁式石桥，始建于南宋时期，后多次进行维修。八字桥因地制宜，合理设计了跨越三河、沟通四路的桥梁，状如八字，巧妙地解决了复杂的水陆交通问题。八字桥总长 32.82 米，桥洞净跨 4.91 米，宽 3.2 米，洞高 3.84 米。

八字桥见证了近八百年的风雨历程。尽管经历了天灾人祸，但这座古桥至今仍保持着完好的状态。不仅展示了古人的智慧和技艺，也为我们提供了一个宝贵的文化遗产。八字桥的存在不仅为我们提供了交通的便利，更是成了绍兴独特的文化标志和旅游景点。每逢游客到访绍兴，八字桥都是他们必游之地，以感受这座古桥的韵味和魅力。

（二）中国大运河沿线名宅

中国大运河这条历经千年岁月洗礼的古代水利工程，见证了中国繁荣的历史与文化。沿岸的古镇民居，以其古朴典雅的建筑风格和独特的地域特色，体现了历史与现代的完美结合。名宅更是以其精美的建筑细节和丰富的历史文化内涵，成了中国大运河文化遗产的重要组成部分。

在这条充满历史与文化底蕴的大运河沿岸，诸多名宅古建以其深厚的历史文化底蕴、精美的建筑细节和独特的地域特色，吸引了世人的目光。名宅有的古色古香、有的极富现代气息，却都蕴含着深刻的历史信息和文化内涵。不仅是古代建筑的瑰宝，更是中国大运河文化的生动写照。

走进这些名宅，可以感受到历史的厚重与现代的活力交织在一起，使人们不禁陶醉其中。名宅以其精美的木雕、石刻、彩绘等装饰艺术，展现了古代匠人高超的技艺和非凡的创造力，承载着丰富的历史故事和文化内涵，如传承千年的家族历史、英勇传奇等，让人深感中国文化的博大精深。在这片充满历史与文化底蕴的土地上，中国大运河名宅是一颗颗璀璨的明珠，见证了中国辉煌的历史与文化，也成了人们品味古代文化、感受历史魅力的绝佳去处。

1. 扬州汪鲁门宅

汪鲁门宅是扬州市广陵区南河下 170 号的一座盐商大宅，始建于清光绪年间（1875—1908 年）。是清代大盐商汪鲁门的住宅，坐北朝南，共有九进房屋，绵延百米，原有房屋 100 余间，是扬州现存规模最大的盐商旧居。

汪鲁门宅的主人汪鲁门是一位富有的盐商，在扬州经营盐业多年，积累了丰厚的财富。为了展示自己的地位和财富，决定修建一座宏伟的宅邸。这座宅邸的建筑面积达到了 1700 余平方米，布局规整严谨，体量宏大，用料考究，装修精致。

汪鲁门宅的修建历时数十年，耗费了大量的人力和物力。在修建过程中，汪鲁门亲自监督工程进展，确保宅邸的建筑质量和风格符合他的要求。宅邸的建筑风格融合了中国传统建筑的特点，也融入了一些西方的元素，展现了当时扬州盐商的独特审美观。

汪鲁门宅在扬州大运河申遗过程中得到了修复，并被用作扬州大运河盐文化展示馆。修复工作着重恢复了宅邸东侧火巷、花园以及与大运河的物理联系，使游客能够更好地了解扬州盐商的生活和文化。

汪鲁门宅是扬州的重要历史文化遗产，不仅体现了古代盐商的富足和荣耀，也蕴含了深厚的文化底蕴和历史价值。作为全国重点文物保护单位，汪鲁门宅吸引了众多游客前来参观，成了扬州旅游的一大亮点。

2. 扬州卢氏盐商住宅

卢氏盐商住宅的主人是晚清时期的盐商卢绍绪。卢绍绪是一位富有的盐商，他在扬州经营盐业多年，积累了丰厚的财富。为了展示自己的地位和财富，他决定修建一座豪华的住宅。

卢氏盐商住宅始建于清光绪年间，历时数年才完工。这座住宅建筑占地万余平方米，建筑面积 6100 多平方米，前后进深达百余米，共有九进建筑，200 多处房间。住宅内部有淮海厅、兰馨厅、涵碧厅、怡情楼等厅堂，厅堂阔大，天井两侧分布着小型花园，假山、花草、布局风格各异。

卢氏盐商住宅是扬州现存规模最大的盐商住宅建筑，也是反映扬州盐文化的重要遗迹。不仅体现了古代盐商的富足和荣耀，也展示了当时盐商的生活方式和文化品位。

然而，随着时间的推移，卢氏盐商住宅经历了一些历史变迁。在民国时期，由于战乱和社会动荡，住宅曾一度荒废。直到中华人民共和国成立后，政府对文物保护的重视逐渐增加，卢氏盐商住宅得到了修复和保护。

2013 年 5 月 3 日，卢氏盐商住宅被国务院公布为第七批全国重点文物保护单位。这一荣誉进一步彰显了这座盐商住宅的历史价值和文化意义。如今，卢氏盐商住宅是扬州市重要的旅游景点之一，吸引着众多游客前来参观和了解扬州盐商的历史和文化。

3. 巩义康百万庄园

康百万庄园，又名河洛康家，位于河南省巩义市康店镇，始建于明末清初。这座庄园是全国重点文物保护单位，也是全国三大庄园之一。

康百万庄园是明清以来对"中原活财神"康应魁家族的统称。康氏家族前后十二代人在这个庄园生活，跨越了明、清和民国三个时代，共计四百余年。庄园从最初的山腰建至山顶，是一处典型的 17—18 世纪封建堡垒式建筑。

康百万庄园是雕刻艺术的宝库，数量庞大的石雕、木刻、砖雕都有极高的艺术水准。其中的珍品门枕石、顶子床、留余匾已成为国家级文物。庄园内既有黄土高坡的窑洞式风格与华北平原四合院的形式，又吸收了官府、宫廷园林和军事堡垒建筑的特色，融合成独特的"窑楼"风格。

庄园最初的掌柜康鸿猷向慈禧太后雪中送炭，捐助白银 100 万两。慈禧十分感动，赐其"康百万"封号，"康百万"之名由此而来。

20 世纪 80 年代，在山东日照的一户农家里发现了一张神秘的财神年画。画上的三位财神并不是传说中的神仙，而是在现实生活中被称为"活财神"的巨富。其中两位是家喻户晓的沈万三和阮子兰，另一位则是人们较为陌生的"康百万"。这张年画的出现进一步证明了康百万庄园主人康应魁家族在当时的财富和地位。

康百万庄园的历史充满了传奇色彩，历代主人都是富有和有影响力的人物。通过自己的努力和智慧积累了巨大的财富，并将这些财富用于修建和维护庄园。如今，康百万庄园成了一座重要的历史遗迹，吸引着众多游客前来参观和了解中国古代封建社会的繁荣与辉煌。

4. 南浔张氏旧宅建筑群

南浔张氏旧宅建筑群位于浙江省湖州市南浔镇，是一座具有悠久历史和独特建筑风格的古建筑群。以其精美的建筑、浓厚的历史氛围和丰富的文化内涵而闻名于世。

关于张氏家族的历史，最早可以追溯到明代。根据史料记载，张氏家族最早在南浔定居，并在此地修建了一座宅院。这座宅院采用了典型的明代建筑风格，包括临湖建筑、庭园景观等元素。随着时间的推移，张氏家族逐渐兴旺，在清代进行了多次扩建。扩建项目主要包括增建庭园、新建厅堂、扩建住宅等。清代的建筑风格与明代有所不同，更加注重细节和装饰，使得旧宅更加精美华丽。20世纪初，南浔张氏旧宅进行了一次大规模的现代改造，宅内增加了现代设施，如电力供应、供暖系统等。对部分旧建筑进行了维修和保护，以确保其长久的保存和利用。

南浔张氏旧宅建筑群是一处历史悠久、建筑精美、文化内涵丰富的古建筑群，南浔张氏旧宅建筑群见证了张氏家族的兴衰历程，也见证了南浔古镇的历史变迁。如今，已经成为一处独具特色的博物馆和旅游景点，向人们展示着中国传统文化的独特魅力。

（三）中国大运河城门

1. 苏州盘门

苏州盘门位于苏州古城西南隅，西、南傍古运河，为连接京杭大运河与苏州古城的一个重要节点。始建于公元前514年，古称"蟠门"，是伍子胥所筑阖闾城的八个城门之一。盘门由水陆城门、瓮城及两侧城墙构成，具有战时守城防御、汛期防洪和平时水陆通行的功能，是我国古代水陆并联式城市的杰出范例。

盘门景区占地24.86公顷，拥有众多古迹和丰富的人文景观。其中最著名的三大盛景是城门、瑞光塔和吴门桥。瑞光塔始建于三国年间，相传是孙权为报母恩而建。在1978年，人们在第三层的夹层中发现真珠舍利宝幢以及嵌螺钿经箱碧纸经书《妙法莲华经》等珍贵文物。吴门桥是苏州最高最老的单孔石桥，横跨古运河（护城河），是陆路出入盘门的必经通道。

盘门景区展现了大气风范，与小桥流水的小家碧玉不同。阳光照耀下，整个景区光彩夺目。古老的城墙和运河相依相伴，一路向前，它们见证了古城的沧桑和荣耀，繁华与沉沦，一路坚守。在这样有历史感的地方，人们会变得纯粹，灵魂得到安放。感恩历史的每一段过往。盘门带着历史的沧桑，运河孕育着千里江山的风尘，共同面对着风光不再的现在，在沉默中依然屹立、流动。刚柔相济，水石交辉，这才是盘门最奇妙的地方。

盘门的历史变迁可以追溯到古代。在春秋战国时期，苏州地区属于吴国领土，当时伍子胥作为吴国的宰相修筑了阖闾城，盘门就是其中之一。随着历史的演变，盘门经历了多次修建和改建。在唐代和宋代时期，盘门得到了进一步地扩建和完善。明代时，盘门被重修并增建了一些新的建筑和设施。清代时期，盘门再次进行了大规模的修缮和改造。至今，盘门仍然保留着明清时期的建筑风格和特色。

随着时间的推移和社会的发展，盘门景区也经历了一些变化。在过去的几十年里，政府对盘门进行了一系列的保护和修复工作，使其焕发出新的活力和魅力。如今，盘门景区成了一个重要的旅游景点和文化遗址，吸引着来自世界各地的游客前来参观和欣赏，承载着苏州古城的历史记忆和文化传承，是人们了解苏州历史和文化的重要窗口。

2. 杭州凤山水城门

凤山水城门位于杭州市区南部的凤山路，是杭州市区唯一一座保存600多年的古城墙和古城门。这座城门建于元代张士诚据浙西五郡时期，具体修建时间可追溯到元至元十九年（1282年）。当时，张士诚发动民工筑杭州城，凤山水城门作为水城的城门而建立。

凤山水城门与旱门凤山门并列，从此之后，凤山门的水、陆两门并存。独特的设计使得凤山水城门成为杭州市区重要的交通枢纽，为城市的发展作出了重要贡献。然而，随着历史的变迁，杭州的许多城门在民国时期遭受了损毁。幸运的是，凤山水城门得以保存下来。1983年，中河河道开始治理，凤山水城门也得到了修复。经过修缮后，凤山水城门被列为国家级文物保护单位，以保护其历史和文化价值。尽管经历了多次修缮和保护，凤山水城门依然保持着其原始的风貌。从城门上俯瞰杭州市区，可以欣赏到美丽的景色，感受到这座城市的历史和文化氛围。

凤山水城门是杭州市区唯一一座保存完好的元代古城墙和城门，具有独特的历史和文化价值。它是杭州市的重要文化遗产之一，也是了解杭州历史和文化的重要窗口。通过参观凤山水城门，人们可以深入了解杭州的历史沿革和城市发展。

（四）中国大运河历史文化街区的保护与再开发

中国大运河是中国古代重要的水利工程之一，沿岸分布着众多的历史文化街区，蕴含着丰富的历史和文化信息，是传承和展示中华民族文化的重要载体。随着现代化进程的加速和城市化的扩张，许多大运河历史文化街区面临着保护和再开发的挑战。

为了保护和传承大运河历史文化街区，同时满足现代城市发展的需求，需要进行合理的保护和再开发。保持街区的历史风貌和特色，修复和保护历史建筑，挖掘和展示历史文化内涵，以及在保障居民生活品质的同时进行适当的旅游开发。通过科学的保护和再开发措施，可以促进大运河历史文化街区的可持续发展，提升其文化价值和经济价值，为当地居民提供更好的生活环境。这不仅有助于传承和弘扬中华民族的文化遗产，还能为城市的发展注入新的活力。

1.山塘历史文化街区

山塘历史文化街区位于江苏省苏州市，得名于流经该地的山塘河。这里的历史可以追溯到唐代宝历元年（825年），当时诗人白居易在苏州任刺史，为了方便城外西北河道交通，疏浚了山塘河，并利用自然河浜开挖成直河，被称为山塘河。为了防止虎丘与古城之间的交通不便，白居易组织百姓在河上修建了多座桥梁，形成了"水陆并行、河街相邻"的独特格局。

随着时间的推移，山塘街逐渐成为繁华的旅游商业街。20世纪50年代，山塘街进行了弹石路改造，以提升道路的通行能力。1956年，普济桥至山塘桥段进行了沥青路面改造，进一步提高了交通便利性。1981年，普济桥至白姆桥段进行了花岗条石路面改造，使街道更加美观耐用。1992年，虎丘以西

210米段进行了明清风格的商业街改造，保留历史建筑风貌的同时，也增添了商业氛围。

如今的山塘历史文化街区保存着许多文物古迹和历史建筑，如白公堤石幢、报恩寺、五人墓等。这些古迹见证了苏州历史的变迁和文化的积淀。此外，这里的古街修复工作得到了各界的支持和参与，使得山塘街焕发新的活力。游客们可以在漫游山塘街的同时，品尝姑苏地区独特的风味小吃，感受浓厚的地方文化氛围。

山塘历史文化街区作为苏州历史的重要见证者，承载着丰富的历史故事和文化内涵。通过不断的修建和保护工作，山塘历史文化街区成了一个独特而迷人的旅游景点，吸引着众多游客前来探索和领略苏州的历史魅力。

2.平江历史文化街区

平江历史文化街区位于苏州市古城东北隅，东起外环城河，西至临顿路，南起干将路，北至白塔东路，面积约为116.5公顷。这个街区是苏州古城迄今保存最典型、最完整的历史文化保护区之一，已有两千五百多年的历史。

平江历史文化街区的历史可以追溯到公元前514年，当时吴王阖闾下令伍子胥建造阖闾大城，奠定了苏州古城的基本格局。平江历史街区作为苏州古城的一部分，经历了漫长的历史变迁。

街区内的整体布局历经千年之久，仍然保持着"水陆并行、河街相邻"的双棋盘格局以及"小桥流水、粉墙黛瓦"的江南水城风貌。积淀着深厚的文化底蕴，聚集了极为丰富的历史遗存和人文景观。其中包括世界文化遗产——耦园，以及人类口述和非物质文化遗产代表作昆曲展示区——中国昆曲博物馆（全晋会馆）。平江历史街区是一个以居住为主的开放式街区，老建筑、古桥、古井、古树、古牌坊等散落其中。2002年，苏州市启动了平江路风貌保护与环境整治工程，采取"修旧如旧，保存其真"的修缮方式，较好地保存了街区历史风貌。

平江历史文化街区是苏州古城历史文化的珍贵遗产，蕴含着丰富的历史故事和文化内涵。通过不断的修建和保护工作，平江历史文化街区成了一个独特而迷人的旅游景点，吸引着众多游客前来探索和领略苏州的历史魅力。

3.清名桥历史文化街区

清名桥历史文化街区位于江苏省无锡市梁溪区，是无锡市区内最大的历史文化街区之一。该街区建于宋代，已有千年历史，是无锡市历史文化的重要代表之一。

街区的历史可以追溯到宋代，原名"明代桥"，始建于明代洪武二年（1369 年），已有七百多年历史。据史书记载，无锡清名桥最初建成时是一座木制桥，后于明代嘉靖年间重建，逐渐演变为石拱桥。现在的无锡清名桥长 42 米，宽 11.7 米，高 3.3 米，由 18 个拱洞组成，桥面铺有青石板，两侧栏杆雕有精美的石雕。

无锡清名桥不仅是无锡市的一大景点，也是中国著名的古代建筑遗址之一。桥上有传统五孔石拱设计，水面下有"横骨式"石柱支撑，被誉为"石造技艺尤胜黄河小浪底、天下第二桥"。无锡清名桥还与北海十三桥、湖北崇阳双桥、北京景山五桥并称为中国四大古桥群，是中国古代建筑文化史上的重要遗产之一。

街区内有众多特色商店、餐厅和咖啡馆，是无锡市民和游客购物、用餐和休闲的热门去处。街区还举办着各种文化活动，如艺术展览、音乐节、戏剧表演等，为人们提供了丰富的文化体验。

清名桥历史文化街区是一个充满历史文化气息、商业繁华、文化活动丰富的旅游胜地，是无锡市内不可多得的文化瑰宝。无论是欣赏古老的建筑风貌还是品味当地的美食文化，这里都能给游客带来独特的体验并留下难忘的回忆。

4.杭州桥西历史文化街区

杭州桥西历史文化街区位于浙江省杭州市拱墅区，京杭大运河的最南端。这个街区因位于拱宸桥西而得名，是杭州大运河历史文化街区的重要组成部分。

杭州桥西历史文化街区的历史可以追溯到元明时期，当时这一带素有"钱塘八景"之一的"北关夜市"之称。六行六馆都曾沿河筑店，各展风采。而如今的杭州桥西历史文化街区，在经历城市转型和有机更新之后，保存了大量老街风貌、工业遗存，实现了华丽转身。

2010 年前后，杭州桥西历史文化街区进行了修复开放。经过 10 余年的岁月洗礼，街区环境逐步出现老化现象。2016 年，这个街区与拱宸桥一同入选大运河世界文化遗产名录，拱宸桥街道因此成为京杭大运河南端唯一拥有双遗产点的街道。杭州桥西历史文化街区也是杭州著名的旅游景点之一，不仅有着悠久的历史和丰富的文化遗产，还有着绿道延伸涵盖的小河历史文化街区、大兜路历史文化街区等著名景点。这些街区共同构成了杭州大运河历史文化街区的核心区域，是游客了解杭州历史和文化的重要场所。

杭州桥西历史文化街区是一个集历史、文化、旅游于一体的地方，具有极高的价值。其不仅保存了大量的历史遗存和文化遗产，也是游客体验杭州传统文化和历史风情的重要场所。

5. 八字桥历史文化街区

八字桥历史文化街区位于浙江省绍兴市越城区，是绍兴市内重要的历史文化街区之一。这个街区位于蕺山街道，地处八字桥直街东端，是八字桥历史文化街区的核心区域。

八字桥的建筑结构为石梁桥，始建于南宋嘉泰年间（1201—1204 年）。这座桥的独特之处在于它的形状，两桥相对而斜，状如八字，因此得名。八字桥在历史上是绍兴的重要交通枢纽，也是八字桥历史文化街区的标志性建筑之一。

八字桥历史文化街区的历史可以追溯到南宋时期，是当时绍兴文化、商业和交通的重要中心。随着时间的推移，八字桥周边逐渐成了一个集商业、文化和居住于一体的区域。在清代时期，八字桥地区得到了进一步的发展，逐渐形成了以商业和手工业为主的产业集群。在历史上，八字桥也经历了多次修缮和改造。1974 年，八字桥进行了扩建和改造，由原来的石拱桥改建为三孔两块水泥桥。1983 年，八字桥再次进行改造，改建为公路桥，并更名为南桥。

八字桥历史文化街区是一个集历史、文化和旅游于一体的地方。不仅保存了大量的历史遗存和文化遗产，还是绍兴市内重要的旅游景点之一。游客可以在这里感受到绍兴传统文化的独特魅力和历史风貌。

6.南浔镇历史文化街区

南浔镇历史文化街区位于浙江省湖州市南浔区，地处太湖之滨，是一个拥有丰富历史和文化的古镇。

南浔镇的历史可以追溯到春秋战国时期，当时已有村落分布。至唐代，南浔已成为水路要冲和商品集散地。明洪武十三年（1380年），因水患逐渐形成湖州至乍浦的南北向大塘，南浔自此有"夹塘之地"之称。清代时，南浔成为湖州府乌程县的一个重要市镇。

南浔镇的建筑风格和景观独具特色，有许多保存完好的明清时期建筑，包括大量的私家园林和古老的街巷。这些建筑和园林以其精美的建筑风格和富有江南特色的水乡景致，吸引着众多游客前来观赏。

南浔镇的历史文化街区在2001年被列为国家级历史文化街区。近年来，当地政府加大了对历史文化街区的保护和修缮力度，以保持其历史风貌和文化遗产的完整性。

南浔镇历史文化街区是一个充满历史韵味和文化底蕴的地方，不仅保存了大量的历史遗存和文化遗产，还是一个展示江南水乡风貌的重要旅游目的地。

第四章

中国大运河园林文化的解读

中国大运河是世界上最长的人工河流，也是中国最重要的水利工程之一。促进了沿线地区的经济繁荣和人文发展，孕育了丰富的园林文化。大运河园林文化是中国传统园林文化的重要组成部分，具有独特的历史、艺术和科学价值。大运河沿线的园林，以其精美的建筑、博大的文化内涵和宜人的生态环境，成为人们休闲、娱乐和思考的重要场所。

一、中国大运河园林文化的艺术价值与特色

中国大运河园林文化是中国传统文化中的一颗璀璨明珠。大运河沿线的园林经过数百年的发展，融合了不同地区、不同历史时期的建筑、园艺和艺术风格，形成了独具特色的园林文化。这些园林不仅是中国古代园林艺术的杰出代表，也是中国历史文化的珍贵遗产。大运河沿线的园林以其精美的建筑、博大的文化内涵和宜人的生态环境，成为人们休闲、娱乐和思考的重要场所。园林在布局、建筑、植物配置和景观设计等方面都表现出独特的艺术风格，如细腻的建筑雕刻、诗意的园景营造和自然的植物配置等，充分展示了中国传统园林文化的魅力。大运河园林不仅是自然景观和建筑艺术的结合，更是历史、文化、艺术的融合。这些园林蕴含了丰富的历史故事、文化传统和艺术瑰宝，如园林中的雕刻、绘画、诗词等，都是中国传统文化的珍

贵遗产。

（一）中国大运河园林的产生

中国大运河的水网密布对运河园林的产生起到了重要作用。大运河沿线的城市，如扬州、无锡、常州、苏州等，都位于水网密布的水乡。城市的水系发达，不仅承载着运输功能，也是城市居民的生活水源。

运河沿线的古城地形一般都是西北高东南低，运河水由西北角注入古城，通过城市水网流经全城，再由东南角流出，为整个古城提供鲜活的生活、生产用水。独特的地形和水文环境为运河园林的产生提供了自然条件。历史上，扬州和苏州的运河园林最为著名。扬州的园林多而密，有"园林多是宅，车马少于船"之说，既说明了扬州这座运河古城水系的发达，也充分显示了扬州古代园林的兴盛。苏州是一座由大运河及其城区水系形成的水陆双棋盘格局的城市，运河与古城水系融为一体。

中国大运河的密布水网不仅为城市提供了生活和生产的用水，也为运河园林的产生和发展提供了必要的水文环境。

（二）中国大运河园林悠久的历史

中国大运河园林的历史可以追溯到春秋时期。吴国开始建姑苏台、馆娃宫，这是苏州园林建筑的开始。到了东晋时期，顾辟疆所筑的辟疆园是江南最早的私家园林。南园及现在的沧浪亭始建于五代，当时，钱元轩在苏州以"好治园林"而出名。北宋末年，宋徽宗好奇花异石，在苏州广为采运。明清两代，许多退隐官员都在苏州建造了园林。清末，有记载可查的大小园林有270多处，至今保存尚好的仍有69处。这些园林以其精美的建筑、博大的文化内涵和宜人的生态环境，成为人们休闲、娱乐和思考的重要场所。

扬州园林也是大运河沿线的重要园林之一。历史上扬州曾有"园林多是宅，车马少于船"之说。清代谢溶生在给李斗的《扬州画舫录》作序时描述清代扬州面貌："增假山而作陇，家家住青翠城闉；开止水以为渠，处处是烟波楼阁。"这充分说明了扬州这座运河古城水系的发达，以及城市古代园林的兴盛。

此外，个园的借景技艺也体现了扬州园林的独特之处。个园建于清代，是扬州历史上最具代表性的园林之一。其设计精巧，充分利用空间，将假山、池塘、亭台楼阁等元素巧妙地组合在一起，形成了独特的园林景观。这些古老的园林至今仍保持着其历史风貌和艺术价值，吸引着众多游客前来观赏。

（三）中国大运河园林展现了我国园林建筑艺术的精华

中国大运河园林以其独特的艺术特征和整体特征展示了我国园林建筑艺术的精华，是我国文化遗产的重要组成部分。园林以其精美的建筑、博大的文化内涵和宜人的生态环境，成为人们休闲、娱乐和思考的重要场所。园林也是中国传统文化和历史的重要载体，为人们了解和传承中国传统文化提供了宝贵的资源。

从艺术特征来看，运河园林的特色鲜明地折射出中国人的自然观和人生观，成为中国古典园林艺术的杰出代表。运河园林的设计借鉴了自然界的美景，通过巧妙地组合山与水以及假山中的各种景象要素，创造出符合自然界山水生成的客观规律的艺术效果，体现了中国传统文化中对自然的尊重和崇尚，以及对和谐统一的追求。在运河园林中，山与水的融合是其最显著的特点之一。设计师们巧妙地将山石与水流相结合，创造出起伏有致的地形，使整个园林仿佛置身于大自然之中。山水之间的相互映衬和交融，不仅展现了自然界的壮丽景色，也传达了人与自然和谐共生的理念。运河园林还注重对自然景象的再现和模仿。设计师们通过对自然界各种景象的观察和研究，将其融入园林设计中。无论是山峦的起伏、水流的曲折，还是树木的繁茂、花草的盛开，都力求还原自然界的真实面貌。对自然的再现和模仿，不仅使园林更加生动有趣，也让人们能够在其中感受到大自然的魅力和力量。运河园林的设计还注重对空间的创造和利用。设计师们通过合理的布局和景观的安排，营造出丰富多样的空间层次感。从宽广的湖泊到狭窄的小溪，从高耸的山峰到平缓的山坡，每一个空间都被精心设计和布置，使人们在其中能够感受到不同的氛围和情绪。对空间的创造和利用，不仅增加了园林的观赏性，也使人们能够在其中尽情享受自然的美好。

同时，运河园林还凝聚了中国知识分子和能工巧匠的勤劳和智慧，蕴含了儒释道等哲学、宗教思想及山水诗、画等传统艺术。在园林中，建筑、植物、水景等元素被巧妙地融合在一起，形成了诗情画意的景观效果。这种艺术特征使得运河园林不仅具有观赏价值，更具有深厚的文化内涵和历史价值。

运河园林作为中国传统园林的代表之一，以其独特的设计理念和精湛的技艺而闻名于世。在这些园林中，建筑师们巧妙地运用了传统的建筑风格和材料，将建筑物与周围的自然环境融为一体，无论是宫殿、庙宇还是亭台楼阁，都展现出了中国古代建筑的独特魅力。建筑物不仅具有实用性，也是艺术品，它们的设计和装饰都充满了诗意和美感。

除了建筑，运河园林中的植物也是其独特之处。园丁们精心选择各种花草树木，将它们种植在园林的各个角落，形成了丰富多样的植被景观。春天，桃花、樱花竞相绽放，给人们带来了一片绚丽的景象；夏天，荷花盛开，清香四溢；秋天，枫叶红了，落叶飘飘；冬天，雪花纷飞，银装素裹。这些植物的季节性变化为园林增添了无限的魅力，使人们在其中感受到了大自然的力量和美丽。

水景是运河园林中不可或缺的元素之一。园丁们巧妙地利用水流的流动和声音，营造出一种宁静和舒适的氛围。小桥流水、池塘倒影、瀑布飞流直下，水景都给人一种清新的感觉。同时，水景也起到了调节气温和湿度的作用，使园林更加宜人。

运河园林的艺术特征不仅仅体现在其美丽的景观上，更重要的是它所蕴含的文化内涵和历史价值。园林承载着中国古代文人墨客的情感和思想，通过诗词、绘画等形式表达了对自然和人生的感悟。艺术作品不仅展示了中国古代文化的博大精深，也传承了中国人民对美好生活的追求和向往。

运河园林以其独特的艺术特征和文化内涵成了中国传统园林的瑰宝。它们不仅是观赏的对象，更是人们心灵的寄托和文化的传承。无论是游客还是学者，都能在这些园林中找到自己的乐趣和启示。运河园林的存在和发展，不仅丰富了中国的文化遗产，也为世界提供了一个了解中国传统文化的重要窗口。

中国大运河园林的整体特征主要体现在四个方面：

师法自然，在造园的总体布局、形象组合上都合乎自然。这种自然观的体现使得运河园林能够与周围自然环境和谐共存，同时展现出一种自然的韵味。

追求和谐，通过对自然的改造来营造一种和谐的氛围。运河园林中的建筑、植物、水景等元素都经过精心设计，以实现与周围环境的和谐统一，这种追求和谐的倾向也体现了中国传统文化中的"和"思想。

注重空间的分隔与联系，通过各种手法将空间进行划分，并在划分的基础上形成联系，使得运河园林中的空间层次分明，同时又相互贯通，形成了一种独特的空间美感，例如，通过设置围墙、廊道、花坛等元素，将园林空间划分为不同的区域，同时通过小桥流水、曲径通幽等手法，使这些区域相互联系，形成了一种错落有致的空间结构。

注重色彩的运用，运用色彩来营造出不同的氛围和效果。在运河园林中，各种植物、建筑、水景等元素都有其独特的色彩搭配，以实现不同的氛围和效果。例如，在春季，园林中的樱花、桃花等花卉盛开，形成了一片粉色的海洋；而在秋季，枫树、银杏等树木的叶子变成了金黄色或红色，给人一种温暖而浪漫的感觉。色彩运用也使得运河园林更加生动多彩，更具观赏价值。

二、中国大运河著名园林及其历史文化内涵的再认识

中国大运河园林是中国传统园林文化的重要组成部分，园林在建筑、植物配置和景观设计等方面都有其独特的风格和特点，展现了中国传统园林文化的多样性和丰富性。园林中的建筑多采用古典建筑形式，如亭、台、楼、阁等，结构严谨，布局和谐。建筑与周围自然景观完美融合，形成了一种独特的建筑风格。中国大运河园林的植物配置丰富多样。这些园林中种植着各种植物，如松、竹、梅、柳等各种树木花卉。植物配置不仅美化了园林的环境，

也营造了一种宜人的生态环境。中国大运河园林的景观设计独具匠心。园林中多采用自然景观，如山、水、石等，通过巧妙地设计和组合，营造出一种自然而又独特的景观效果。

（一）苏州园林

苏州园林是中国传统园林的重要代表之一，以其精美的建筑、自然的山水景观和丰富的文化内涵而闻名于世。苏州园林历史悠久，最早可以追溯到东晋时期，经过唐、宋、元、明、清等朝代的不断发展和完善，形成了今天的规模。苏州园林的建筑风格独特，注重细节和技巧，如园林中的桥梁、亭台、长廊等建筑，都体现了精湛的建筑技艺和艺术追求。同时，苏州园林的自然景观也十分优美，如假山、池塘、流水等元素，都营造出了极佳的自然景观效果。苏州园林的文化内涵也十分丰富，其中蕴含了大量的历史故事、文化传统和艺术瑰宝。在园林中，游客可以欣赏到精美的园林绘画、雕刻和装饰，也可以领略到古人的生活情趣和文化修养。

1. 拙政园

拙政园是江南古典园林的代表作品之一，也是中国四大名园之一。位置在苏州市姑苏区东北街，距离苏州古城约3000米。这座园林始建于明正德四年（1509年），为明代弘治进士、御史王献臣因官场失意回乡后所建。王献臣在建园之初，曾请吴门画派的代表人物文徵明为其设计蓝图，形成了以水为主、疏朗平淡、近乎自然风景的园林风格。

拙政园有着悠久的历史和丰富的文化内涵。其历史变迁可以追溯到唐代陆龟蒙宅地和元代大弘寺旧址处，经过多次改建和变迁，最终成为我们所见到的园林。在历史上，拙政园曾多次更换主人，或为官僚地主的私园，或为官署的一部分，或散为民居，其间经过多次改建。这些变迁不仅反映了不同时期社会政治的变迁，也体现了人们对园林的审美追求和文化传承。

拙政园的修建过程是一个漫长而复杂的过程。在王献臣死后，其子一夜豪赌，将园林输给徐氏，其子孙后亦衰落。明崇祯四年（1631年），园东部归侍郎王心一，名"归田园居"。园中部和西部，主人更换频繁，乾隆初，中部复园归太守蒋棨所有。咸丰十年（1860年），太平军进驻苏州，拙政园为忠王府，相传忠王李秀成以中部见山楼为其治事之所。光绪三年（1877年），西部归富商张履谦，名"补园"。这些历史的变迁和主人的更替，使得拙政园在不同的时代中展现出不同的风貌和特色。

拙政园也是文人墨客们的聚集地，许多诗句都与它有关。比如，"绝怜人境无车马，信有山林在市城。"这句诗就表达了拙政园给人带来的宁静和幽雅的感受。文人墨客们在这里寻找灵感，创作了许多优美的诗词和文章，将拙政园的美丽景色和人文氛围融入他们的作品中。

拙政园是一座具有悠久历史和丰富文化内涵的江南古典园林，见证了中国传统文化的繁荣和传承，也是文人墨客们的聚集地。无论是其位置的优越性还是历史的变迁，都使得拙政园成了一座独特而珍贵的文化遗产。

2. 虎丘

虎丘位于中国江苏省苏州市，是苏州的标志性景点之一，也是中国著名的旅游胜地。位置在苏州市区西北部，距离苏州古城约5000米。虎丘山是一座孤立的小山，因形状像一只蹲着的老虎而得名。

虎丘有着悠久的历史和丰富的文化内涵。据史书记载，吴王阖闾葬于此，传说葬后三日有"白虎蹲其上"，故名虎丘。又一说为"丘如蹲虎"，以形为名。虎丘山的历史可以追溯到春秋战国时期，当时为吴国的军事重地，曾经历过多次战争和破坏。在历代文献中，也有许多关于虎丘的记载和描述。

在历史上，虎丘曾经历过多次修缮和扩建，其中最为著名的是宋代大诗人苏东坡的改建。苏东坡在任苏州刺史时，对虎丘进行了大规模的修缮和扩建，增加了许多景点和建筑，如云岩寺塔、拥翠山庄、海涌桥等。这些建筑不仅增添了虎丘的美感，也为游客提供了更多的游览选择。

许多诗句都与虎丘有关。比如，"尝疑海上峰，涌起自天外"这句诗就表达了虎丘山的高耸入云和雄伟壮观之感。又如，"宝刹近城郭，峰从海涌来"这句诗则表达了虎丘山的神秘和壮丽之感。这些诗句不仅描绘了虎丘的美丽景色，也展现了文人墨客们对虎丘的赞美之情。

虎丘是一座具有悠久历史和丰富文化内涵的自然景观与人文景观相结合

的旅游胜地，见证了中国文化的繁荣和传承，也是文人墨客们的聚集地。无论是欣赏其自然风光还是感受其历史文化，虎丘都能给人们带来独特的体验和美好的回忆。

3. 寒山寺

寒山寺位于苏州市区东南部，大运河边，距离苏州古城约 10 千米是著名佛教寺庙之一，也是中国文化和旅游的重要景点之一。

寒山寺始建于南朝萧梁代天监年间（502—519 年），初名妙利普明塔院，相传为唐代诗人张继夜宿于此而得名。在历史上，寒山寺曾经历过多次修缮和变迁。其中最为著名的一次是在清代光绪年间（1875—1908 年），由当时的住持寒山子主持重建，由此寒山寺在历经 5 次火毁后得以重建。

寒山寺的建筑风格独特，融合了中国传统建筑和佛教建筑的特点，其建筑群以中轴线为中心，布局对称，层次分明。其中最著名的建筑是钟楼和鼓楼，钟楼内悬挂着一口大钟，鼓楼内则放置着一面大鼓。

除了其独特的建筑风格，寒山寺也是文人墨客们的聚集地，许多诗句都与它有关。其中最为著名的是唐代诗人张继的《枫桥夜泊》一诗："月落乌啼霜满天，江枫渔火对愁眠。姑苏城外寒山寺，夜半钟声到客船。"这首诗描绘了寒山寺夜晚的宁静和美丽，也表达了诗人对佛教文化的感悟和体验。

4. 留园

留园位于苏州市区东南部，距离苏州古城约 5000 米，是苏州的著名园林之一，也是中国文化和旅游的重要景点之一。留园始建于明代万历二十一年（1593 年），为太仆寺少卿徐泰时的私家园林，时人称为"东园"。徐氏家族以商业起家，后代子孙纷纷科举入仕，成为苏州很有影响力的大家族。到了清代乾隆五十九年（1794 年），留园为吴县（1995 年撤销，今为吴中区和相城区）东山刘恕所得，在"东园"故址改建，经修建于嘉庆三年（1798 年）始成，因多植白皮松、梧竹，竹色清寒，波光澄碧，因园内竹色清寒，故更名"寒碧山庄"，俗称"刘园"。

在明代万历年间，徐泰时创建了留园的前身"东园"。到了清代乾隆年间，东山刘恕在"东园"故址改建，于嘉庆三年（1798 年）始成，并更名为"寒碧山庄"。在刘恕之后,留园的后续发展主要是通过园主人的不断改造和修缮来实现的。许多诗句都与它有关,其中最为著名的是清代诗人袁枚的《留园记》:"泉石之胜,近在咫尺;烟霞之胜,如列宿于野;花草之胜,如彩云在霄。"这首诗描绘了留园的美景,表达了诗人对园林的热爱和赞美。

(二)杭州西湖

杭州西湖是中国著名的风景区之一,位于浙江省杭州市西部,以其秀美的自然风光和丰富的人文景观而闻名于世。西湖有着悠久的历史,其景观在历史上曾经历过多次修缮和变迁。自唐代以来,西湖就是文人墨客们的聚集地,留下了许多优美的诗句和画作。在现代,西湖更是成了世界文化遗产,吸引了无数游客前来观光旅游。西湖的自然风光和人文景观相互融合,展现了一种独特的魅力。在湖畔漫步,游客可以欣赏到湖光山色、古塔寺庙等美景,感受到中国传统文化的博大精深。西湖还是一个生态环境良好的地方,有着丰富的野生动植物资源,为游客提供了一个亲近自然、放松身心的理想场所。

1. 风景名胜

杭州西湖风景区位于浙江省杭州市西部,是中国著名的风景区之一,也是中国文化名胜和旅游胜地。西湖景区由断桥、雷峰塔、吴山、六和塔等景点组成,以秀美的自然风光和丰富的人文景观而闻名于世。

西湖风景区的主要景点包括断桥、雷峰塔、三潭印月、花港观鱼等。断桥是杭州的标志性景点之一,因其历史背景和独特的建筑风格而著名。断桥位于西湖之畔,桥头桃树成林,桥尾古柳成荫,景色优美。游客可以在此欣赏到湖光山色和古塔寺庙等美景,感受到中国传统文化的博大精深。

雷峰塔是一座具有悠久历史的佛塔,也是杭州的标志性建筑之一。雷峰塔位于西湖南岸,始建于北宋时期,是中国古代建筑的代表之一。塔内供奉着佛像和文物,是佛教文化的重要圣地。游客可以在此领略中国古代建筑的精髓和佛教文化的深厚底蕴。

三潭印月是一处湖中岛屿,岛上有多处古建筑和石刻。这里是西湖上赏月和观花的最佳地点之一，游客可以在此欣赏到美丽的月亮和湖景。岛上还有许多古建筑和石刻，如抱朴道院、法镜寺等，这些景点都展现了杭州深厚的历史文化底蕴。

花港观鱼是一处花木葱茏的园林景区，内有多个特色景点。这里有许多不同种类的花卉和植物，游客可以在此欣赏到四季不同的景色。同时，花港观鱼还有许多特色景点，如红鱼池、孔雀园等，这些景点都为游客提供了丰富的旅游体验。

除了以上主要景点，西湖风景名胜区还有许多其他的景点和活动，如乘船游览、赏花节等。游客可以在此尽情领略到西湖的美景和历史文化。

赞美杭州西湖风景的诗句数不胜数，其中最著名的可能是唐代诗人白居易的《钱塘湖春行》，诗中写道："最爱湖东行不足，绿杨阴里白沙堤。"这首诗描绘了西湖的美景和白堤的美丽风光，表达了诗人对西湖的热爱和赞美之情。此外，宋代诗人苏东坡也有许多描写西湖美景的诗句，如"欲把西湖比西子，淡妆浓抹总相宜"等。这些诗句都充分展现了西湖的美景和文化价值。

杭州西湖风景区是一个集自然风光和人文景观于一体的旅游胜地，有着丰富的旅游资源和深厚的文化底蕴。无论是赏花、乘船、品尝美食还是了解历史文化，都能让游客享受到一次难忘的旅游体验。在这里漫步湖畔、欣赏美景、感受文化气息，将会成为您难忘的回忆。

2. 文化寄所

西湖承载着丰富的历史文化和自然景观。自古以来，西湖就以其迷人的景色吸引着无数文人墨客前来游览并创作诗词和画作，来表达对这片美丽湖泊的热爱和敬仰之情。

作为中国传统文化的重要载体之一，西湖展现了人与自然和谐共生的理念。湖面平静如镜，倒映着周围的群山和建筑物，呈现出一种独特的"和谐之美"。这不仅体现在视觉上，更体现在文化层面。西湖的每一个景点都与中国的佛教、儒家、道教等传统文化紧密相连，见证了中国历史上许多重要事件的发生。

除了自然风光，西湖还以其人文景观而闻名于世。自南宋时期开始，西湖就被赞誉为最能体现人与自然和谐相处的经典之作，不仅具有极高的审美价值，更蕴含着深厚的文化内涵。

西湖是中国传统文化价值观的典范之一。无论从历史、文化还是自然的角度来看，西湖都是中国传统文化中最具有代表性和经典性的景观之一，体现了中国传统文化中的"天人合一"思想，以及对自然和人文的深刻理解和尊重。

作为世界文化遗产之一，西湖所代表的文化和自然景观的价值不仅对中国具有重要意义，而且对全球园林设计产生了深远的影响。西湖的核心要素仍然能够激发人们对自然和人文的热爱和敬畏之情。站在杭州城望西湖，这座巨大的景观园林具有清晰的视觉边界，一直延伸到周围环山之脊，展现出人与自然和谐共生的美好画卷。

3. 西湖的堤

（1）苏堤

苏堤是北宋著名文人苏轼第二次来杭州当官时，利用疏浚西湖时挖出的葑草和淤泥堆积而成的。

苏堤作为一处具有悠久历史的地方，见证了中国文化的繁荣和传承。在苏轼到任杭州知州时，西湖由于泥沙淤积和葑草堆积，湖水逐渐变得浑浊，对杭州的农业和渔业产生了负面影响。为了解决这个问题，苏轼下令疏浚西湖，并将挖出的淤泥和葑草用于修建苏堤。这项工程在短时间内完成，并且取得了很好的效果，为杭州的农业和渔业发展提供了保障。

西湖的疏浚和苏堤的修建是同时进行的。史书记载，苏轼在修建苏堤时使用了大量的人力和物力。人们从湖中挖出淤泥和葑草，然后将其堆积在湖岸边形成一条长堤。这不仅需要大量的人力和物力，还需要精细的规划和施工，才能确保长堤的坚固耐用。

苏堤的修建对于杭州的发展起到了重要的作用，不仅为杭州的农业和渔业提供了保障，还为杭州的城市规划和发展提供了基础。西湖的水质得到了改善，景色也变得更加美丽。苏堤成为杭州的一个重要景点。

苏堤还有着丰富的文化内涵。它是中国传统文化的重要载体之一，体现了中国古代文人的审美理想和文化精神。苏堤上的风景和建筑不仅具有极高的审美价值，还蕴含了深厚的文化内涵。在苏堤上漫步，可以感受到中国传统文化的博大精深和自然与人文的完美融合。

（2）白堤

白堤，原名为"白沙堤"，位于杭州市西湖区的孤山路上，是连接杭州市区与风景区的重要纽带。东起著名的"断桥残雪"，经过锦带桥向西延伸，最终止于美丽的"平湖秋月"，全长约2里。在唐代，白堤被称为白沙堤或沙堤，而在宋代和明代，它又被称为孤山路或十锦塘。白居易任杭州刺史时，曾以"最爱湖东行不足，绿杨阴里白沙堤"赞颂其风光，后人为纪念白居易将此堤命名为白堤。

白堤横跨在湖面上，将西湖划分为外湖和里湖，同时将孤山和北山路连接在一起。这条风景如画的堤道，四季分明，每个季节都有其独特的美景。春天，白堤上的桃花盛开，柳树抽出嫩绿的新芽，整个景色充满了生机和活力。夏天，柳树茂盛繁密，形成了一道绿色的屏障，给人们带来清凉和舒适的感觉。秋天，桂花飘香，秋色斑斓，让人陶醉其中。冬天，白雪覆盖着大地，银装素裹的景象如同一幅诗画般美丽动人。

除了四季分明的美景，白堤还有一些著名的景点值得一提。首先是"断桥残雪"，这是白堤上的一个著名景点。由于位于北山和孤山的交汇处，雪后的景色格外迷人。其次是"平湖秋月"，是白堤的终点，位于西湖的北部，是一个赏月的绝佳地点。

白堤是杭州西湖的一道亮丽风景线，不仅连接了杭州市区和西湖风景区，还展现了四季不同的自然风光和文化底蕴。无论是春天的桃花盛开、夏天的绿荫蔽日、秋天的桂花飘香还是冬天的银装素裹，白堤都能给人带来美的享受和心灵的愉悦。无论是当地居民还是游客，都可以在这里感受到大自然的魅力和人文的底蕴。

（三）扬州园林

扬州园林，是中国园林文化中的一颗璀璨明珠。它集建筑、园林、雕刻、诗画、工艺美术等多种艺术于一体，独具特色，是中国园林的杰出代表之一。

扬州园林的特色在于其融合了南北园林的特点，既有北方园林的雄伟壮观，又有南方园林的细腻精美。扬州园林的建筑风格也独具特色，以楼台亭阁、曲径通幽为主，注重园林的空间感和层次感。扬州园林作为中国园林文化的代表之一，不仅具有极高的艺术价值，也蕴含了丰富的文化内涵。它是中国传统文化与自然景观完美结合的典范，也是扬州城市文化的象征。

1. 扬州园林的特点

扬州园林，作为中国古典园林中的一颗璀璨明珠，其悠久的历史和独特的风格在中国园林中占据着举足轻重的地位。在 2000 多年的历史长河中，扬州园林的发展与扬州城市的经济文化发展紧密相连。大体上，扬州初盛于汉，复盛于唐，再盛于清；而扬州园林的初始、发展和兴盛也大致如此。

著名作家朱千华先生曾精彩地描述过扬州园林的风格："扬州园林地处江淮之间，北有气魄宏大的皇家园林可借鉴，南有苏州、杭州的江南私家园林可模仿。再加上大运河、长江在此交汇，阴阳刚柔相济，使得扬州园林具有南秀北雄、独具一格的风格。既有皇家园林金碧辉煌、高大瑰丽的特色，又有大量江南园林小品的情调，自成一种风格。"

在唐代，由于扬州水陆交通的便利和商业的繁荣，私家园林的数量达到了极盛。从唐人的诗词中可以看出，当时扬州园林的数量相当可观。这些园林不仅数量众多，在设计与建造上也有了新的突破。不再是单纯的皇家或官府园林，而是将住宅与园林相结合，标志着扬州园林从宫廷苑囿的样式向私家园林的转变。

到了宋代和元代，扬州园林的风格发生了变化。不再追求华丽的装饰和宏大的规模，而是更加注重自然和山水元素的使用。一些珍奇的湖山峰石开始在园林中出现，为园林增添了更多的自然气息。

明清时期，扬州园林迎来了复兴。这个时期的园林设计风格更加多样化和精致化，出现了许多著名的园林景点，如瓜洲的江淮胜概楼、大观楼、于园等。其中最著名的是计成在扬州所造的影园，计成所著《园冶》是我国第一部关于园林的著作。

经过多次战争和政治动荡后，扬州园林在清末和民国时期开始走向衰落。

许多著名的园林被破坏或拆除，仅剩下残破的 60 余处。在后来的"大跃进"和"文革"时期，大量的园林又一次被破坏，至今仅剩 30 处左右。

扬州园林是中国园林文化的重要组成部分，经历了漫长的历史发展过程。它们以其独特的设计风格和精巧的工艺技巧，赢得了人们的赞誉和尊重。

2. 湖上园林瘦西湖

瘦西湖是扬州市北郊的一处著名湖上园林，也是国家 5A 级旅游景区。这个园林群以其怡人的景色而闻名，将南方的秀美和北方的雄浑完美地融合在一起。早在清代康乾时期，瘦西湖就形成了基本格局，被誉为"园林之盛，甲于天下"。

与杭州西湖相比，扬州的瘦西湖独树一帜，展现出清秀婉丽的风姿。以独特的清瘦神韵吸引着游客的目光。每年春天，瘦西湖格外美丽，吸引了来自各地的游客前来踏青赏花。千百年来，无数文人墨客在这里流连忘返，吟诗作画，留下了许多珍贵的墨宝和故事。

游览瘦西湖可以从乾隆御码头开始，沿着湖边，经过冶春、绿杨村、红园、西园曲水等地，再经过大虹桥、长堤春柳，到达徐园、小金山、钓鱼台、莲性寺、白塔、凫庄、五亭桥等景点，然后向北延伸至蜀岗平山堂、观音山上。既有天然的美景，又融入了皇家的独特风格。

如果你想更深入地体验扬州独特的文化和风景，可以选择在夏季夜晚游览瘦西湖。当夜幕降临时，灯光照亮了亭台楼阁，倒映在湖中的月影更是美不胜收。在这样的氛围下，你可以感受到扬州独特的韵味和浪漫的氛围。无论是欣赏夜景还是品味当地美食，都能让你留下难忘的回忆。

第五章

中国大运河城市文化的解读

作为中国古代最重要的交通枢纽之一，大运河不仅在经济上起到了举足轻重的作用，更在文化层面产生了深远的影响。本章将从多个角度对大运河沿线的城市文化进行解读，包括其历史渊源、建筑风格、民俗风情以及与大运河相互影响的关系等方面内容，以便更好地理解大运河在中国历史和文化中的重要地位，以及它对周边地区产生的深远影响。

一、中国大运河都城文化的历史价值与影响

中国大运河都城文化的历史价值与影响是一个非常重要的话题。大运河是世界上最长的人工河流，不但在中国历史上扮演了重要的角色，在世界文明史上也占有重要的地位。大运河的开通促进了南北方经济、文化的交流，对中国古代社会的发展产生了深远的影响。

（一）隋唐时期都城——洛阳

洛阳——这座位于洛水之阳的城市，见证了中国文明的重要发展阶段。在历史长河中，曾是政治、经济、文化的中心，先后有多个朝代在此建都，如东周、东汉、曹魏、西晋、北魏、隋、唐、后梁、后唐等。特别是隋唐时期，洛阳作为陪都，其地位虽在长安之下，但由于大运河的繁荣，洛阳在政治和

经济上的地位并不逊色于长安。

从夏代开始，洛阳地区就成了中原政权的都城。隋唐时期，洛阳城的规划设计十分宏大，由宇文恺主持规划，巧妙地利用了黄道渠，将谷水、洛水与通济渠连通，形成了宽阔的广场，为隋炀帝的多次出巡提供了便利。

608年，隋炀帝开通了永济渠，形成了以洛阳为中心的水路网络，使洛阳成了全国的水陆交通枢纽。工商业空前繁盛，逐渐成为全国的商业中心和对外贸易中心。皇帝还下令把洛阳故城的居民及各地富商大贾等迁入新城，使洛阳人口达到百万以上，其规模在当时世界上首屈一指。

自唐天宝末年起，经过"安史之乱"的破坏，以及随之而出现的藩镇割据和军阀混乱，北方社会经济遭到严重破坏，全国的经济中心已转移到江南地区。洛阳也在战乱中遭受烧杀抢掠，导致其残破不堪。战乱后，洛阳又常处在割据势力的威逼之下，唐王朝虽曾几次修复东都，终因财政困窘而始终未能修复，其都城地位逐渐丧失。政局的不稳使漕运受到严重影响，年运量下降到20余万石乃至10余万石。大运河体系的改变使长安洛阳地区逐渐丧失了全国经济的支撑地位，由长安和洛阳构成的经济文化轴心区不复存在。

（二）北宋西京——洛阳

北宋时期的西京洛阳位于河南省洛阳市，是当时政治、经济和文化的中心。在北宋时期，洛阳作为京西北路的治所，成为中原地区的政治、经济和文化中心。当时的洛阳城规模宏大，人口众多，建筑壮观，被誉为北宋时期最具代表性的城市之一。

洛阳城作为北宋都城的历史可以追溯到960年，当时后周诸将发动了"陈桥兵变"，拥立赵匡胤为帝，建立了北宋王朝，并将首都定在东京开封府。尽管洛阳不再是首都，但在北宋时期仍然具有重要的地位和影响力。

北宋时期，洛阳城内的建筑和景点众多，其中最为著名的是宫城、皇城和京城。宫城是皇帝居住和处理政务的地方，皇城则是太子、皇后等皇室成员居住的地方。而京城则是洛阳城的主要部分，包括商业街、民居、寺庙等建筑。这些建筑和景点展示了北宋时期的繁荣和文化底蕴。

除了建筑和景点，洛阳在北宋时期还拥有发达的手工业和商业。当时的手工业主要包括纺织、印染、制瓷等领域，这些手工业的发展为城市的经济繁荣作出了重要贡献。而商业则主要集中在洛阳城的南门和北门之间的街道上，这里聚集了众多的商铺和市场，成了当时商业交流的重要场所。

（三）南宋时中国大运河的中心城市——杭州

　　早在秦代，杭州就已经开始显现出其在水利建设中的重要性。秦始皇初设钱唐县和余杭县，这两个县的设立与治理钱塘江和苕溪的水利工程密切相关。钱唐县主要负责治理钱塘江，而余杭县则主要负责治理苕溪。这个阶段，水利治理的重视为杭州后来成为大运河的中心奠定了基础。907 年，唐地方将领钱镠建立吴越国，以杭州为都城。这一时期的杭州经过钱氏数十年的经营，规模宏大，声名鹊起。到了北宋时期，杭州成为全国最重要的工商业城市之一，也是对外贸易的主要港口。这一阶段，杭州的经济、文化得到了极大的发展，为南宋时期成为大运河的中心做好了准备。在南宋时期，大运河的南北贯通和东南经济的迅速发展，尤其是江南运河与钱塘江及浙东运河的沟通，使杭州展成为重要的经济都会。这一阶段是大运河发展的高峰期，也是杭州作为大运河中心城市的形成期。

　　南宋时期，大运河的南北贯通为杭州带来了巨大的发展机遇。随着大运河的修建和完善，杭州成了连接北方和南方的重要交通枢纽。这条长达数千千米的运河不仅促进了商品的流通和贸易的发展，还为杭州带来了大量的人口和文化交流。特别是江南运河与钱塘江及浙东运河的沟通，使得杭州成了一个重要的经济都会，使得杭州能够更好地与其他城市进行交流和合作，推动了经济的发展。杭州的商业繁荣和手工业的兴盛，吸引了大量的商人和工匠前来投资和发展。商业活动日益繁荣，各种商品和货物通过大运河源源不断地运往杭州。杭州的市场也变得非常繁忙，各种商铺、市场和商行如雨后春笋般涌现。杭州的手工业也得到了极大的发展，丝绸、瓷器、茶叶等传统产业蓬勃发展，成为全国乃至世界的重要产地。杭州的文化也得到了极大的推动。大运河的贯通使得各地的文化和艺术得以交流和融合，杭州成了一个文化交汇的中心。文人墨客纷纷前来杭州游览和创作，留下了许多脍炙人口的作品。随着杭州的文化氛围的日益浓厚，各种文化活动和艺术表演频繁举行，吸引了大量的游客。

元代，由于海运的兴起和漕运的需要，元世祖忽必烈下令重开运河。全长 160 多千米的济州河开通了，这条运河以淮水为源，南接邗沟，北通白河。进一步巩固了杭州作为大运河中心城市的地位。

明清时期，继续修建运河各段，并修缮旧道，使其成为航运干线。然而，到了清朝末年，运河的部分区段已不能通航，逐渐淤废。尽管如此，杭州作为大运河中心城市的地位依然保持了相当长的时间。

（四）元明清大运河的中心城市——北京

北京作为元明清三朝的政治、经济和文化中心，其历史地位非常重要。在大运河开通的背景下，北京逐渐成为区域政治中心。大运河的开通不仅解决了漕运问题，提升了北京地区的政治、经济和军事的地理价值，更为北京成为全国政治中心奠定了基础。

隋唐时期，北京古称蓟，是燕国的都城，已经发展成为北方一大都会。随着大运河在隋代的开通，北京成了从江南直达涿郡的运道中心，进一步提升了北京地区的经济、政治和军事地位。隋唐王朝对东北高句丽的多次用兵，都以北京为基地。

中唐以后，契丹、渤海、女真等少数民族相继崛起于东北，北京的政治地理地位日益凸显。10 世纪上半叶，契丹族在建立辽朝后升北京为五京之一的南京，使其成为辽国经济文化最发达的城市。12 世纪上半叶，由女真族建立的金朝取代辽朝，并攻灭北宋，占有淮河以北的领土，与南宋形成南北对峙的局面。鉴于北京的交通发达、物产丰富，金朝统治者于 1153 年将都城迁至北京，改称中都，并随即恢复了以中都为中心的漕运体系。

元代时期，北京成了全国的政治中心。1264 年，元朝皇帝忽必烈下令在金中都东北郊另建新城，并于 1272 年把新城命名为大都，定为全国的都城。元大都的确立与兴建，使北京由北方区域中心第一次上升为国家的政治经济文化中心，成为北京城市发展史上的一次飞跃，对中国历史发展产生重要影响。

在元代时期，为解决南粮北运问题，元政府对大运河进行了一次大规模的整治和开发，重新开通的大运河以大都为中心，直穿山东、江苏全境，径抵江南，沟通了长江、黄河、海河、淮河、钱塘江五大水系，把南北方各大经济区更直接地联系起来，由此奠定了此后中国大运河的基本走向及其规模。

明清两朝相继建都北京，继续沿用元代大运河作为连接北方政治中心与江南经济中心的水运通道。为确保这一交通大动脉的畅通，明清两朝都不遗余力地经营运河。而作为元、明、清三朝都城的北京，素有"漂来的城市"之说。大运河每年为北京运进数百万石粮食，还把南方的其他物资如木材、铜、铁、铅及百货等源源不断地运来。可以说，没有大运河，就没有北京的那些金碧辉煌的城阙和宫殿，也就没有北京历史上的兴盛和繁华。

北京的崛起有多方面的原因，包括政治、军事、地理等。而大运河作为连接南北的重要通道，对北京的经济和地理方面起到了重要的促进作用。随着中国经济重心的东移，长江中下游平原、华北平原和东北平原逐渐成为中国的经济政治中心区域。正是由于大运河的沟通，使位于华北平原北端的北京成为连接三大区域的枢纽，南北照应，成为全国的中心。

长城与大运河作为中国古代两大伟大工程也起到了重要的作用。长城有效地捍卫了中原文明，而大运河则促进了中国经济的发展、商业的繁荣和文化的兴盛。北京作为中国古代两大伟大工程长城与大运河的交汇点，既捍卫了中原文明，又努力汲取南方的养分滋育北方大地。

二、中国大运河与沿线城市文化的互动关系研究

中国大运河，这条纵贯南北的水上通道，不仅是中国古代一项伟大的水利工程，更是中华民族千年历史的见证者。其连接了南北方的经济、文化和

政治，塑造了沿线城市的繁荣与发展。

（一）与中国大运河同生共长的城市——扬州

扬州，位于中国大运河与长江的交汇处，自公元前486年吴国开邗沟、筑邗城起，便成为运河的咽喉之地。隋唐时期，大运河的开通使得扬州成为全国最重要的水陆交通中心之一，南北商人和物资多以此地为总汇，江淮荆湖与岭南的物产，特别是东南一带的海盐，大多在此集散。唐中后期，扬州不仅是唐代财赋的重要来源，也是商贾如织的国际大商埠。

扬州的地理位置十分优越，地处长江三角洲的北端，是运河与长江的交汇的十字路口，成为南来北往、西去东下的水陆交通总枢纽。这种优越的地理位置使得扬州在唐代成为繁荣富庶、人物荟萃的著名城市，即除了都城长安和洛阳，扬州之繁盛天下第一。宋元之时，扬州商业繁盛依然著称于世。

明清时期，扬州因优越的地理位置而成为当时漕粮北运的门户，经济和文化再度出现空前繁荣。作为两淮盐运使的驻地，扬州集中了大量的盐商及其资金，成为全国的金融中心。商业除盐业外，米行、木行、造船、南北货业、铜器业、茶食业、刺绣、漆器等工业也很有名。

清后期，由于漕、盐、河称为"东南三大政"，扬州兼三者之利，号称东南一大都会。据统计，到清后期，仅江苏苏松道、浙江、江西、湖南、湖北通过扬州的漕船总计2659艘，运丁共计26590名，如此多的运丁及众多官兵为扬州带来了极大商机。同时，清代对漕船携带土产的限制逐渐放宽，运送的土产数额伴随商品经济发展屡次增加，为扬州带来各种物资，使扬州成为当时全国商品经济最为发达的城市。

扬州的繁华使其成为达官、富商、缙绅、豪门的聚居之地，各色商业服务行业如商铺、茶馆、酒楼、戏园等鳞次栉比。城内园林名胜更是甲于天下。

（二）因运河而生，双棋盘格局辉映城市——苏州

位于江南运河与娄江交汇处的苏州，紧邻太湖，依傍长江，自古以来就是江南水陆交通枢纽，自吴王阖闾于公元前514年筑城起，便确立了其东南

重镇的地位。自那时起，历代统治者都以苏州为起点，向四面八方开辟运河，构建了与外界联系的发达的水路网络。向北和向南的运河在隋大业年间得到进一步开凿，成为大运河江南段的重要组成部分。

运河之水，一部分汇入护城河，一部分则流入内水系，形成三横四直的主干水系，为城市居民提供了重要的生活水源。这些水源再从城门流出，最终汇入运河。因此，苏州成为运河沿线唯一全城受运河水滋养的都市。

随着唐宋以后经济重心的南移，苏州经济迅速崛起。至明清时期，苏州已发展成为全国的棉织、丝织业中心和刻版印刷业中心，以及全国最大的粮食市场和丝棉织品贸易中心之一。那时，"苏州江南首郡，财赋奥区，商贩之所走集，货物之所辐辏，游手游食之辈，异言异服之徒，无不托足而潜处焉。名为府，其实一大都会也"。

作为粮食和丝棉织品贸易中心，苏州被称为"天下四聚"之一，市场上聚集了来自全国各地的各种名优特产，甚至还有大量的外国商品。这一时期，苏州城内水系也被纳入大运河漕运体系，历代漕运都依赖苏州绵密的水运网络将漕粮运至城内粮仓储存，然后从苏州发运北上。因此，苏州古城成为漕粮的重要征集地和起运地。

正是依靠运河的滋养，苏州在明清时期得以发展成为全国工商业最发达的城市之一。到鸦片战争前夕，城市人口将近百万，成为当时世界上最大的城市之一。这段历史见证了苏州与运河之间的深厚渊源和相互成就的关系，展现了这座城市在历史长河中的独特地位和贡献。

（三）河运海运交汇的城市——天津

天津，这座城市的名字由明成祖朱棣在永乐二年亲自赐名，由此可见天津在中国的历史中扮演的重要角色。金朝时期，为了保障金中都（今北京城西南）及漕、盐储运的安全，金朝政府于1214年在三岔口建立了军事设施直沽寨，成了天津城最早的建制。

元代时期，大运河重新开通，海运也开始发展，天津因此成了河、海漕运的交通枢纽，并逐渐发展成为京师的门户。漕运和海运的汇集使得天津呈现出"晓日三岔口，连樯集万艘"的壮观景象。到了明代中期，天津的商品经济开始飞速发展，并由漕粮转运枢纽逐渐发展成为北方商业重镇。

然而，到了清咸丰五年（1855年），黄河在铜瓦厢决口，改变了原有的大清河入海路径，黄淮分离，导致安山至临清间的运道枯竭，而淮河下游河道也淤塞。这些变化对淮南运道产生了较大的影响。到了同治十三年（1874年），漕船开始由海轮代替。而到了光绪二十六年（1900年），漕运完全停止，漕粮也开始折换成现金，海运河运全部废止。自此，传统运河体系解体，对运河的修浚也随之停止，多段河道开始淤滞。

作为沿岸城市的命脉，大运河的断绝使得许多城市开始衰落。许多昔日的巨商离开了这些城市，寻找新的发展机会。临清、淮安等城市在失去了漕运的支撑后，商业受到了巨大的影响。这些城市的人口开始锐减，规模也逐渐变小。然而，也有部分城市如苏州、杭州、无锡、镇江等因为江南运河航运还在继续发挥作用以及近代铁路的兴起而获得了新的发展机会。位于渤海湾岸边的天津也因为海运码头和京师门户的地位而一跃成为北方最重要的工商业都会之一。

（四）元清大运河的河道管理机构所在地——济宁

济宁，作为会通河上的重要枢纽，不仅在城内外商业街区遍布，而且其人口比例最大的部分是商人。其次是手工业者，这使得济宁成为一个典型的因转口贸易而发展起来的城市。据《济宁直隶州志》记载，明末时，"济当南北咽喉，子午要冲，我国家四百万漕艘皆经其地。士绅之舆舟如织，闽广吴越之商持资贸易者，又鳞萃而猬集。即负贩之夫、牙侩之侣，亦莫不希余润以充口实。冠盖之往来，担荷之拥挤，无隙暑也。"

济宁作为一个因转口贸易而发展起来的城市，拥有丰富的商业资源和繁荣的商业街区。在这里，商人和手工业者占据了人口比例的最大部分，他们通过转口贸易获得了巨大的财富和机会。济宁也是一个重要的交通枢纽，会通河贯穿全城，使得货物的运输更加便捷。

在济宁的街道上，来往的车辆和行人络绎不绝。无论是贵族还是平民百姓，都在这里忙碌着自己的生活。商人们为了争夺市场份额而竞相展示自己的商品，而手工业者们则通过精湛的技艺来吸引顾客。整个城市充满了活力和繁荣的气息。

（五）南船北马的分界线城市——淮安

淮安，这座被誉为"运河之都"的城市，有着悠久的历史和丰富的文化底蕴。这里是最早的运河古邗沟的终点，也是明清两代漕运总督的所在地，漕运总督负责管理全国的漕粮运输。在清康熙十七年（1678 年），河道总督也被迁至淮安，使得这座城市的地位更加重要。

在清代，康熙和乾隆两位皇帝曾多次南巡，他们都曾在淮安指挥治水工作。这使得淮安成了全国性的经济调控中心，对于当时的中国来说具有重要的战略意义。水路交通的发达为淮安商业的繁荣提供了有利条件，使得淮安与扬州、苏州、杭州并称为运河沿线的"四大都市"，成为当时具有全国影响力的特大城市。

1415 年，清江浦开埠后，由于南北运河运力不同，江南物资船运抵清江浦改为车马陆运。大量的北方人士乘车马抵清江浦换乘船只南下，使得清江浦成为转运的枢纽城市。因此，淮安有"南船北马，九省通衢"之别称，彰显了其在交通运输方面的重要地位。

淮安地处黄河、淮河、泗河、运河交汇之地，作为运河航运交通枢纽，每年数以万计的商船、漕船云集码头，牵挽往来，百货山列。这里的繁忙景象展示了淮安在古代中国经济中的重要地位，也为后世留下了丰富的历史遗产。

三、中国大运河与古镇文化的传承与发展策略研究

中国大运河，这条历经千年的河流，见证了中国历史的变迁，也孕育出了一片独特的古镇文化。随着时代的进步，古镇文化面临着传承与发展的

挑战。

（一）道口古镇

道口古镇是河南省滑县东北部的一处历史悠久的古镇。其历史可以追溯到宋代，当时是一处重要的水陆码头。该古镇的修建过程与大运河（当时称为"御河"）的开凿有着密切的联系。

据史书记载，大运河的开凿始于隋唐时期，当时主要是为了连接南北方的水路交通。到了宋代，为了加强与北方的经济联系，大运河在原有基础上进行了扩展和延伸。在这个过程中，道口古镇被选为重要的节点，以方便船只在此处进行货物中转和停靠。

随着大运河的开通和道口古镇的不断发展，这里逐渐成了一个繁荣的商业中心。来自南方和北方的货物在此处汇集，带动了当地的经济发展。同时，道口古镇也成了文化交流的重要场所，各种不同的文化在这里交融共生。

在商业方面，道口古镇以其繁荣的商贸活动而闻名。来自南方和北方的商人在此处进行货物交易，使得这里的商业活动非常活跃。据史书记载，在明清时期，道口古镇已经发展成了一个商贸繁盛的地方，拥有多条商业街和众多的商铺。这些商铺主要经营丝绸、茶叶、瓷器等商品，这些商品主要来自南方和东部地区，而北方的粮食、棉花等商品也在道口古镇交易。

除了商业活动，道口古镇还以其独特的文化而闻名。这里的文化氛围浓厚，有着丰富多彩的文化活动和独特的民俗风情。在明清时期，道口古镇是河南省的文化重镇之一，有着众多的文化名人和平行的文化传统。这里的文化活动包括传统的庙会、戏曲表演、民间舞蹈等，这些活动吸引了大量的观众和游客前来观看。

在建筑方面，道口古镇拥有许多古老的建筑和历史遗迹。这些建筑主要建于明清时期，风格独特、古朴典雅。其中最著名的建筑是"花街"，这是一条以石板铺成的街道，两旁种植着各种花草树木，沿街商铺林立，是道口古镇最著名的商业街之一。此外，道口古镇还有许多古老的庙宇和会馆等建筑，这些建筑不仅展示了当时的社会风貌，也反映了当地人民的生活方式和信仰。

然而随着时间的推移，由于大运河的淤积和现代交通方式的改变，道口古镇逐渐失去了其原有的重要地位。尽管如此，该古镇仍然保留着丰富的历史遗迹和文化传统，成为了一个具有重要历史价值的旅游景点。近年来，当地政府也在积极推动道口古镇的保护和开发工作，希望通过旅游业的发展重新振兴这个古老的城市。

在旅游业的发展中，道口古镇以其丰富的历史文化和独特的民俗风情，吸引了大量的游客前来参观和旅游。为了更好地保护和开发这个古老的城市，当地政府采取了多项措施，包括加强历史建筑的保护和修复、建设文化展览馆和博物馆、推广当地的民俗文化和特色美食等。这些措施的实施，不仅有助于保护这个古老的城市，也有助于推动当地的经济发展和文化传承。

（二）南浔古镇

南浔古镇位于中国浙江省湖州市南浔区，是一个历史悠久的古镇。据史书记载，南浔古镇最早可以追溯到南宋时期，是一个以丝绸业为主的商业城镇。明代万历年间至清代中叶，由于蚕丝业的兴起和商品经济的发展，南浔经济空前繁荣鼎盛，一跃成为江浙雄镇。

南浔古镇以其丰富的文化遗产和独特的建筑风格而闻名，是一个充满诗意和画意的旅游胜地。古镇内拥有嘉业堂藏书楼及小莲庄、南浔张氏旧宅建筑群、尊德堂、大运河（江南运河南浔段、南浔丝业会馆及丝商建筑）等5处全国重点文物保护单位。这些古建筑保存完好，展示了明清时期的建筑风格和工艺水平。此外，还有庞氏旧宅、南浔粮站总粮仓、通津桥、洪济桥、颖园、述园快阁、董氏世德堂、寿俊堂等11处市级文物保护单位，以及兴福桥、通利桥、新民桥3处市级文保点。这些历史建筑见证了南浔古镇的繁荣与变迁，为游客提供了一个了解古代生活和文化的机会。

除了丰富的文化遗产，南浔古镇还是一个美食之都。这里有许多著名的特色小吃和菜肴，如南浔酥饼、浔蹄等，吸引了众多游客前来品尝。南浔酥饼是当地的传统糕点，外皮酥脆，内馅鲜美，口感独特。浔蹄则是一道以猪蹄为主料的传统菜肴，经过精心烹制，肉质鲜嫩，味道醇香。这些美食不仅满足了游客的味蕾，也展示了南浔古镇的独特风味。

（三）邵伯古镇

邵伯古镇位于江苏省扬州市江都区邵伯镇，是大运河与长江、淮河两大水系交汇之处，拥有悠久的历史和丰富的文化遗产。这座古镇已有一千六百多年的历史，被誉为中国历史文化名镇。

邵伯古镇以其独特的历史文化遗迹而闻名。邵伯明清运河古道、邵伯码头群、邵伯古堤以及淮扬运河主线（邵伯段）等重要景点被列入中国大运河世界文化遗产保护名录，使得邵伯古镇成为大运河沿线遗产点数量最多的古镇之一。邵伯古镇景区以古今运河为主线，主要由运河文化生态公园、大运河遗产区、古镇历史街区和运河船闸等浏览区组成，展现了浓厚的运河文化记忆。运河文化生态公园通过"复活"明清运河故道的昔日风情，再现了运河盛世的繁荣景象。园内的镇水兽——邵伯铁牛，作为运河历史的见证者，承载着丰富的文化内涵。据传，在清康熙年间，邵伯遭遇洪水灾害，朝廷下令在淮河下游放置了12只镇水兽，其中包括"九牛二虎一只鸡"，以应对水势的变化。这些镇水兽并非完全神化的治水文化象征，而是古人通过观察水位上涨情况，判断并预警洪水的一种方法。如今，仅剩的几只铁牛散落在河堤各处，其中邵伯铁牛已有三百多年的历史，保存较为完好。

第六章

中国大运河与文学艺术的深度关联

中国大运河这条历经千年的古老运河，见证了中国历史的变迁，也承载着丰富的文化内涵。不仅是中国古代水利工程的杰作，更是中华民族的文化瑰宝。大运河以其独特的魅力，吸引着无数文学艺术家，成为他们创作的源泉。从古代的诗词歌赋到现代的小说、电影，大运河都是一个重要的主题，所代表的不仅是一种水利工程，更是中华民族的智慧和精神。

一、中国大运河书法艺术及其传承与发展的再认识

中国大运河沿线的文化遗存中，书法艺术是较早的艺术形式之一。中国书法在中国艺术史上具有极其重要而特殊的地位。作为世界上使用文字最早的国家之一，中国也是最早发明和运用书法的国家。在隋唐大运河卫河边的安阳市，发现了世界上数量最大、最为集中的甲骨文。甲骨文是人类历史上最早的文字之一，这种刻在龟甲和兽骨上的文字是现代汉字的雏形，被称为"甲骨文"。

任何一种艺术形式的形成与发展都与其社会环境密切相关，书法艺术繁荣的背景是中国大运河的全线贯通。随着隋唐大运河的贯通，中国进入一个长期统一时期，中华文化形成稳定，作为中华文化重要表征的书法艺术也得到了发展和繁荣。隋唐时期，书法艺术、绘画艺术快速发展，这离不开大运

河的作用。

科举考试制度的推行，将书法作为一项基本的应试项目，这极大地提高了读书人学习和练习书法的热情。随着大运河的贯通，书法艺术得到广泛的交流，造成了隋唐时期中国书法史上的空前繁荣，出现了许多书法大师。南朝有智永和尚，唐代有贺知章、张旭、欧阳询、褚遂良、颜真卿、李邕、徐浩、怀素、孙过庭、柳公权，以及唐末五代的杨凝式等。

盛唐时期，扬州、苏州等地依运河之便，经济发达，文化昌盛。除了张旭和怀素，还有史称"李北海""李括州"的李邕和杭州人孙过庭等留名书法界。张怀瓘将中国书法字体分类为十体，为现今将汉字分为楷、行、草、隶、篆五体的重要基础。

"宋四家"是指苏东坡、黄庭坚、米芾和蔡襄。也有一些人认为"宋四家"中的"蔡"原本应该是蔡京，后人因不齿其为人，所以把蔡京换为蔡襄，并认为蔡襄的艺术成就在蔡京之上。这四个人大致可以代表宋代的书法风格，而且成就最高，故称"宋四家"。

苏东坡、黄庭坚、米芾等人在大运河沿岸任职过多个城市。他们在运河城市开封、徐州、扬州、常州和杭州等地都有足迹。米芾居住在镇江，创作了《甘露帖》，生动传神地描绘了运河边米芾住宅的境况。

元明清三代运河流域的书法名家更是人才辈出。宋末元初时期的赵孟頫和鲜于枢都曾在元大都任职，后来鲜于枢定居杭州。明代前期运河边的苏州周边出现了徐有贞、沈周等一批书画家。他们力主上接唐宋、远接魏晋，在元明以来文人字画领域有承前启后的作用。后由祝允明、文徵明等推动和带领形成了影响深远的"吴门书派"。后有旷古奇才绍兴人徐渭，他曾自评：书法第一，诗第二，文第三，画第四。

二、中国大运河绘画艺术及其传承与发展的再认识

中国绘画的发展历史比中国书法更为悠久，涉及的地域范围更广泛，风

格更多元化，特点更突出，画家数量也更多。隋文帝推崇佛教，也使佛教及佛教艺术得到复兴。绘画艺术的繁荣同样与中国大运河密不可分。隋炀帝开凿了从洛阳至杭州的隋唐大运河，这一工程开启了漕运，促进了中原地区与江南的密切交流。

在反隋起义的基础上建立的唐朝政权，沿袭了隋朝的政治体制、官僚制度、科举制度和漕运管理制度等，同时继承了大运河带来的繁荣。唐代社会经济空前繁荣，正如唐代杜甫《忆昔》诗中所描述的开元盛世时期欣欣向荣的状况："忆昔开元全盛日，小邑犹藏万家室。稻米流脂粟米白，公私仓廪俱丰实。九州道路无豺虎，远行不劳吉日出。齐纨鲁缟车班班，男耕女桑不相失。"在这段时期，绘画艺术也迎来了黄金时段，阎立本兄弟、吴道子及周昉等代表人物在画坛崭露头角。此外，以敦煌 220 窟为代表的宗教壁画和以王维、李思训为代表的山水画也有着卓越的表现，边鸾则开创了花鸟画的全新风格。

到了宋代，定都于大运河边的开封，书画艺术也极为繁荣，甚至皇帝本人就是书画巨匠（如宋徽宗赵佶）。朝廷开始"官办"画院，京都开封和许多大城市都开设了画馆、书院，极大地促进了书画业的发展。宋代开始，运河流域许多名家的书法和绘画都达到了极高的水平，开启了中国书画新时代。其中，赵佶、苏轼、黄庭坚、米芾、米友仁等尤其著名。

到了元明清时期，大运河流域的书画名家更是数不胜数。元代的黄公望、王冕、王蒙、赵雍（赵孟頫之子）等都是其中的佼佼者；明代宋克、沈周、文徵明、祝允明、唐寅、徐渭、米万钟、王铎等不胜枚举；清代绘画名家则有笪重光、朱耷、石涛、郑板桥、金农、黄慎、汪士慎、李鱓、邓石如、黄易、王时敏、王鉴、王翚、王原祁、吴历、恽寿平、陈鸿涛等。这些书画名家的涌现，使得中国书画艺术得到了进一步的传承和发展，也为中国文化艺术的繁荣作出了重要贡献。

（一）清明上河图

清明上河图是中国十大传世名画之一，由北宋时期的画家张择端创作。

这幅画现存于北京故宫博物院，属国家级文物。

清明上河图创作于北宋末期，当时的中国经济繁荣，开封更是北宋的都城。这一时期，城市商业、手工业、交通和文化等各个领域都得到了空前的发展。张择端通过这幅画作，记录下了这一历史时期的社会生活和城市风貌。

清明上河图是一幅长卷，全长528.7厘米，宽24.8厘米。画作的主题是描绘北宋都城东京（今河南开封）的繁荣景象，反映了当时的社会生活和人文风情。画中的人物、建筑、交通工具、商业活动等都生动地展现了北宋时期的生活细节和社会风貌。

画作的开端描绘了汴京的郊外景色，农民在田间劳作，城市轮廓隐约可见。接着，画面进入城市，沿街商铺林立，行人络绎不绝，有商人、手工业者、文人墨客等各色人物。桥梁、船只、马车等交通工具繁忙，显示了城市交通的繁盛。

画中还有许多生活场景，如街头表演、茶楼酒肆、市民买卖等，这些场景中的人物服饰、交通工具以及建筑风格都展现了北宋时期的生活风貌和社会习俗。画作的结尾部分描绘了城市郊外的放牧和农田劳作，与画作的开端相呼应，形成了一幅完整的画卷。

清明上河图以其细致入微的描绘和丰富的历史文化内涵而闻名于世，是研究中国历史和文化的重要资料。这幅画作不仅展示了古代中国的城市风貌和社会生活，也展现了中国传统绘画艺术的精湛技艺和无穷魅力，为我们提供了一个窥探中国古代社会风貌和人民生活的窗口，让我们能够更好地了解中国古代文明的辉煌成就。

（二）"元四家"的书画

"元四家"是指元代四位著名的画家，分别是黄公望、吴镇、倪瓒和王蒙。他们的绘画风格以山水画为主，注重笔墨意趣，融合了诗、书、画、印等多种艺术元素。

黄公望是"元四家"中最为著名的一位，画作以风格秀逸、气韵深厚而著称。擅长运用墨色和水墨的交融，将山水景色表现得生动而富有诗意。代表作品《富春山居图》以其精湛的技巧和独特的构图，展现了对山水的独特理解和表达。这幅作品不仅在当时备受赞誉，也成了中国山水画的经典之作。

吴镇则以笔墨沉郁、意境深远的水墨山水画闻名。画作常常以浓墨重彩的笔触勾勒出山川河流的壮丽景色，又通过细腻的线条和墨色的渲染，营造出一种宁静而神秘的氛围。代表作品《秋江渔隐图》以其深邃的意境和独特的表现手法，展现了对自然景色的独特感悟和情感表达。

倪瓒的画作以简淡清逸、空灵静谧为特点。善于运用淡墨和淡彩，将山水景色描绘得简洁而不失灵动。代表作品《容膝斋图》以其清新的画风和独特的构图，展现了对山水的独特理解和审美追求。

王蒙的画作以繁复绵密、用笔细密著称。王蒙擅长运用细密的笔触和丰富的色彩，将山水景色描绘得栩栩如生。代表作品《青卞隐居图》以其精细的细节和丰富的层次感，展现了他对山水的独特观察和表现能力。

除山水画外，"元四家"也在人物画、花鸟画等领域有着不同程度的创作。他们的作品不仅在当时备受赞誉，也对后来的书画艺术产生了深远的影响。他们的独特风格和创新精神，为中国绘画艺术的发展开辟了新的道路，并对后世的艺术家产生了重要的启示和影响。

（三）吴门画派

吴门画派是明代中期的绘画派别，主要代表人物有沈周、文徵明、唐寅、仇英等名家，均属吴郡（今苏州）人。吴门画派沿袭了北宋绘画的传统，注重笔墨意趣，强调文人气息。他们的绘画题材广泛，包括山水、花卉、人物等，作品富有诗情画意和文化内涵。

吴门画派的形成和发展与苏州地区的文化氛围和历史背景密切相关。苏州自古以来就是文化名城，有着深厚的文化底蕴和丰富的艺术传统。在明代中期，苏州地区的经济和文化得到了进一步的发展，为吴门画派的兴起提供了良好的条件。

吴门画派在当时画坛中享有盛誉，作品具有独特的艺术风格和特点。沈周的作品以粗笔写意为主，笔墨淋漓，富有气势；文徵明的画作以精细入微、下笔工整为主，富有文人气息；唐寅的山水画以清丽秀逸为主，意境深远；仇英的人物画则以工笔重彩为主，精细典雅。他们的作品不仅在当时备受赞誉，也对后来的绘画艺术产生了深远的影响。

吴门画派在明代中期的绘画领域中具有重要地位，不仅具有极高的艺术价值和文化内涵，也为中国传统绘画的发展和创新作出了重要贡献。通过精湛的技艺和独特的创作风格，将中国传统文化与绘画艺术完美结合，为后世留下了宝贵的艺术遗产。

吴门画派的成功离不开对传统文化的深入研究和对艺术创作的执着追求。他们不仅继承了前人的艺术成果，还在此基础上进行了创新和发展。注重观察自然景物，通过对细节的把握和表现手法的独特运用，使作品更加生动、真实和富有情感。

（四）扬州画派

扬州画派，又被称为"扬州八怪"，是清代康熙中期至乾隆末年活跃于扬州地区的一批风格相近的书画家的总称。在美术史上，常被称为"扬州画派"。

扬州画派的成员们在艺术上各有特色，但也存在一些共同之处。由于他们大多出身于知识阶层，以卖画为生，生活清苦，常常通过绘画来表达内心的不平之气。他们都注重艺术个性，追求创新，强调写神，并且善于运用水墨写意技法。他们的作品充满了主观感情色彩，将书法的笔意融入绘画中，注重诗书画的有机结合。正是这些特点使得扬州画派能够形成一股强大的艺术潮流，给画坛注入了新的活力。他们以标新立异的精神，挑战传统观念，开创了一种新的艺术风格。并对后世水墨写意画的发展产生了重要影响，为后来的艺术家提供了启示和借鉴。

扬州画派的成员们各自有着独特的艺术风格和创作特点。例如，郑板桥擅长山水画，他的作品以笔墨纵横、气势磅礴而著称，扬州画派的影响不仅局限于当时的艺术界，而且对后世的艺术发展产生了深远的影响。他们的作品不仅在中国国内广为流传，也受到了国际上的关注和赞誉。扬州画派的艺术成就为中国绘画史增添了浓墨重彩的一笔，也为后来的艺术家们提供了宝贵的艺术遗产和启示。

三、中国大运河诗歌小说及其传承与发展的再认识

　　大运河不仅是中国古代重要的水路交通和经济动脉，也是一条蕴含着丰富历史和文化内涵的河流。它见证了中国历史的变迁和经济社会的发展，也孕育了丰富多彩的文学和艺术。

　　李白、杜甫、白居易等唐代著名诗人在大运河沿岸留下了许多脍炙人口的诗篇，既描绘了当时的社会生活和自然风光，也表达了对运河的赞美和情感寄托。许多著名的明清小说和戏曲作品，如《红楼梦》《西游记》等，也都深受大运河文化的影响。大运河沿岸的城市和村庄也因为运河而繁荣和发展，这些地方的风土人情和民俗习惯也成了文学作品的重要素材。例如，《窦娥冤》的作者关汉卿就是生活在大运河畔的元代戏曲作家，而《窦娥冤》正是反映了当时的社会现实和人民的生活状态。大运河不仅是中国历史和文化的重要组成部分，也是中国文学和艺术的重要源泉。大运河为艺术家们提供了丰富的创作素材和灵感，展示了一个充满生命力和创造力的文化宝库。

（一）范仲淹的《岳阳楼记》

　　范仲淹（989—1052年），字希文，是北宋初年的政治家和文学家。幼年丧父，母亲改嫁长山朱氏，遂更名朱说。大中祥符八年（1015年），范仲淹经过苦读，终于及第，被授予广德军司理参军的职位。后历任兴化县令、秘阁校理、陈州通判、苏州知州等职。由于坚持秉公直言，而多次遭到贬斥。皇祐四年（1052年），范仲淹改任颍州知州，在扶疾上任的途中不幸逝世，享年64岁。他累赠太师、中书令兼尚书令、魏国公，谥号"文正"，世称"范文正公"。

　　《岳阳楼记》是范仲淹于庆历六年九月十五日（1046年10月17日）应至交好友巴陵郡太守滕宗谅之请为重修岳阳楼而创作的一篇散文。

《岳阳楼记》这篇散文以事情的本末源起为线索，通过描绘岳阳楼的壮丽景色以及阴雨和晴朗时带给人的不同感受，表达了作者的旷达胸襟和政治抱负。文章开头，范仲淹以自己的亲身经历引出了岳阳楼的历史背景和地理位置。再以细腻的笔触描绘了岳阳楼的壮丽景色，包括湖光山色、云雾缭绕等自然景观，以及楼内壁画、碑刻等人文景观。这些描写使读者仿佛置身于岳阳楼上，感受到其独特的魅力。范仲淹通过描述迁客骚人登楼览景后所产生的不同情感，展示了自己对于人生境遇的思考和感悟。以自己的经历为例，表达了"不以物喜，不以己悲"的旷达胸襟。他认为无论是面对外界的荣辱得失，还是自身的悲欢离合，都应该保持内心的平静和淡泊。这种超脱尘世的态度使他能够超越个人的情感波动，以一种更加宽广的视野看待世界，表达了自己"先天下之忧而忧，后天下之乐而乐"的政治抱负。他认为，作为一个有责任感的政治家，应该关注国家和人民的疾苦，先天下之忧而忧；而当国家繁荣昌盛时，则应该与人民共享天下之乐。这种政治理念体现了范仲淹对于社会公平正义的追求和对于人民福祉的关注。

（二）秦观和婉约词派

秦观（1049—1100 年），字少游，又字太虚，号淮海居士，别号邗沟居士，世称淮海先生，高邮（今属江苏）人，是"苏门四学士"之一，北宋词人。秦观的词作以婉约柔美为主要特点，词风细腻、含蓄、柔媚，注重表现情感和内心世界。擅长用委婉的语言和细腻的描绘手法来表现自己的情感和思考，将复杂的情绪融入词中，让读者在欣赏其文采的同时，也能感受到他内心的情感波动。

秦观的词作内容多涉及儿女之情、离别之绪，用柔美的语言和细腻的情感来表现这些主题，让读者在阅读时能够感受到一种柔情似水的感觉。

在词的演进史上，秦观是一个重要的过渡时期的人物。他继承了苏轼的文学传统，将诗歌的创作手法引入到词中，使得被苏轼诗化了的歌词再回归词的本质。又为后来的婉约派词人树立了榜样，为宋代婉约派的发展奠定了基础。秦观被尊为"婉约派一代词宗"。

（三）均诞生于运河地区的中国四大名著

阎守诚教授在他的论文《隋唐小说中的运河》中，对运河与唐代小说之间的紧密联系进行了深入的研究和探讨，以独特的视角指出，运河的历史发展过程与小说的创作历程有着惊人的相似性，都经历了从诞生、发展到成熟的过程。

在唐代，随着社会生产力的不断提升和城市经济的繁荣，人们的生活水平得到了显著的提高。社会经济的快速发展，使得人们对文化娱乐的需求随之增强，为小说创作提供了广阔的空间，也极大地推动了小说创作水平的提升。

唐代的小说在结构、语言、情节和人物形象的塑造等方面，展现了许多新的特点，使得唐代的小说能够更加生动、真实地反映出当时的社会生活。尽管唐代的小说在许多方面都有着显著的进步，但小说仍然被视为非正统的文学形式，未能得到社会的广泛认可。

阎教授在论文中还引用了《大业拾遗记》中的一个故事来说明运河与小说的关系。该故事讲述了隋炀帝计划巡幸江都，命令将军麻秋（因是胡人，时人称其为麻胡）疏通河道的事情。然而，麻胡对待民众的态度极其残忍，使得民众对他极度恐惧，他们甚至常常用麻胡的名字来吓唬小孩，以防止他们夜晚哭闹不止。这个故事在运河沿线地区广为流传，至今仍有人用麻胡的名字来吓唬小孩。

运河的开通，不仅融合了南北各地的官民礼仪、特色物产、饮食服饰和风情民俗，更形成了丰富多彩的运河文化。这种文化对文学艺术的发展起到了积极的推动作用。正是在运河文化的滋养和润泽中，中国古代文学史上出现了四部难以超越的经典名著——《西游记》《三国演义》《水浒传》《红楼梦》。这四部作品被誉为我国古典文学的"四大名著"，在中国古代文学史上占据了重要的地位，对后世产生了深远的影响。

1. 大运河流进《红楼梦》

《红楼梦》是中国古代文学的瑰宝，被誉为中国古代四大名著之一。作者是清代作家曹雪芹。曹雪芹出生于一个贵族家庭，他的曾祖母孙氏做过康熙帝的保姆，他的祖父曹寅曾担任过康熙皇帝的侍读，使得家族地位一度显赫。曹雪芹的父亲曹頫在家族中的地位并不高，家庭生活也颇为艰难。但至雍正初年，受朝中政治斗争牵连，曹頫被免职，产业被抄没，遂迁居北京。在这个艰难的时期，曹雪芹开始创作《红楼梦》。在创作过程中，深入观察和体验社会生活，广泛收集材料，为创作小说打下了坚实的基础。

《红楼梦》以贾宝玉、林黛玉、薛宝钗的爱情悲剧为主线，通过对贾、史、王、薛四大家族的描绘，展现了清代社会的全貌。小说的人物形象鲜明，情节曲折，语言优美，被誉为中国古代小说的巅峰之作。小说中的人物形象各具特色，栩栩如生，其中贾宝玉、林黛玉、薛宝钗等人物形象更是深入人心，令人难以忘怀。

《红楼梦》不仅是一部具有高度艺术价值的小说，更是一部反映清代社会生活的历史长卷。通过对四大家族的描绘，展现了封建社会的种种弊端和人性的复杂。小说中不仅有对贵族生活的描写，也有对平民生活的关注，深刻揭示了社会的阶级矛盾和人间百态。

清代文学家纪晓岚曾赞誉《红楼梦》具有高度的艺术价值和思想深度。现代文学家鲁迅也高度评价《红楼梦》，认为它是一部反映中国封建社会生活的百科全书。

2. 齐鲁运河捧出《水浒传》

《水浒传》是中国古代文学中一部备受推崇的巨著，作者是元末明初的施耐庵。作品的创作灵感来源于民间故事和话本，施耐庵在加工和创作的过程中将这些素材融入其中，使得《水浒传》成了一部具有独特魅力的作品。

历史事件为小说提供了丰富的素材和背景，使得《水浒传》能够真实地反映出当时社会的黑暗面和人民的反抗精神。小说中的人物形象鲜明，描绘了各种不同性格的人物，包括官僚、地主、农民、士兵等。这些人物形象栩栩如生，给读者带来了强烈的代入感。

《水浒传》被名家评论为一部具有深刻思想内涵和人文价值的巨著。清代文学家金圣叹将《水浒传》与《离骚》《庄子》《史记》《杜工部集》《西厢记》评为"六才子书"，这一评价充分体现了《水浒传》在文学界的重要地位。现代文学家茅盾则认为，《水浒传》是中国古典文学中最伟大的作品之一，是中国文化中的瑰宝。这些名家的评价进一步证明了《水浒传》的价值和影响力。

《水浒传》通过描述生动的故事情节和鲜明的人物形象，向读者展示了中国古代社会的复杂性和人民的坚忍不拔精神。它不仅是一部文学作品，更是一部反映社会现实和人民心声的经典之作。无论是从文学角度还是历史角度来看，《水浒传》都是一部不可忽视的宝贵遗产。

3. 没有大运河就没有《三国演义》

在中国古代四大名著的创作中有一个重要现象，那就是即使作者不是大运河岸边或与之邻近地区的人，也往往有在运河文化圈城市中生活过的经历。《三国演义》的作者罗贯中就是如此。

元至正十年（1350年），罗贯中沿大运河南下杭州，一度著有《赵太祖龙虎风云会》《三平章死哭蜚虎子》《忠正孝子连环谏》三个剧本。这些剧本的创作背景与大运河文化有着密切的联系，反映了当时运河沿岸地区的社会风貌和人们的生活情境。后来，罗贯中投张士诚起义军，在这段时间里，结识了施耐庵，并拜其为师。施耐庵是一位才华横溢的文学家，对罗贯中的文学创作产生了深远的影响。在与施耐庵的交流中，罗贯中不仅学到了丰富的文学知识和技巧，还深入了解了运河文化的内涵和特点。

至正二十三年（1363年），罗贯中足涉江、浙、赣、皖等地，收集三国时期东吴的故事传说，发掘整理了大量流行于运河两岸的三国故事。这些故事传说不仅丰富了《三国演义》的内容，也使得这部作品更加贴近当时的社会生活和人们的情感体验。

如今，大运河沿岸分布着不计其数的三国遗迹，这些遗迹不仅是历史的见证，也是《三国演义》中提及的地址的实体化。游客可以在这些遗址中感受到运河文化的魅力，领略到古代英雄豪杰的风采。这些遗址也为《三国演义》的研究和传承提供了重要的实物依据。

4. 大运河热土孕育《西游记》

要了解名著《西游记》的成书，先看看吴承恩的故居，也就是吴承恩著《西游记》的环境。

在今天的运河名城江苏淮安，有吴承恩故居，坐落在淮安城西北的河下古镇打铜巷最南端，是古老的淮河和大运河交汇之处。此地人文荟萃，有枚皋的纪念亭、梁红玉的祠堂、韩信的钓鱼台等。正是这块人杰地灵的运河热土，催生了古典浪漫主题的文学作品。

吴承恩故居是一座典型的江南园林建筑，以其精美的园林景观和独特的文化氛围而闻名。进入故居，首先映入眼帘的是一片碧波荡漾的湖泊，湖水清澈见底，倒映着周围的建筑和树木。湖边种满了各种花草树木，花香四溢，给人一种宁静和舒适的感觉。沿着曲径通幽的小道走进故居内部，可以看到一座座古色古香的建筑，每一座都有着独特的设计和装饰。其中最著名的是吴承恩的书房，这是吴承恩创作《西游记》的地方。书房内摆放着吴承恩的书桌、笔墨纸砚等文房四宝，墙上挂满了他的作品和名人字画。在这个安静的环境中，吴承恩可以专心致志地创作，将自己的想象力和才华融入《西游记》中。除了吴承恩的书房，故居内还有许多其他有趣的地方。比如，有一个专门展示吴承恩生平事迹的展览馆，里面陈列着他的手稿和其他与《西游记》相关的文物。还有一个仿古的茶楼，供游客品尝当地的特色茶叶和小吃。此外，故居还有一个美丽的花园，里面有各种各样的花卉和盆景，让人仿佛置身于一个仙境之中。

吴承恩故居不仅是一个文化遗址，也是一个旅游景点。每年都有大量的游客前来参观，感受吴承恩的创作氛围和《西游记》的魅力。在这里，人们可以了解到吴承恩的生平和创作过程，更加深入地理解这部伟大的文学作品。

四、中国大运河戏剧及其传承与发展的再认识

（一）明清昆曲北上

带着戏箱布景，一艘承载着优美昆腔的戏船行进于运河沿线的各大码头。这些江湖戏班主观上为生活赚钱，客观上促进了珍贵的传唱遗产遍地生根。

冯丽娜在《京杭运河与我国南北音乐文化的交流传播》中写道:"明清时期影响全国的戏曲四大声腔(昆山腔、弋阳腔、海盐腔、余姚腔)皆产自南方。关于它们如何北传,一些资料表明,京杭运河具有重要的传播作用。"1993年出版的《中国戏曲志》介绍道:"延至明万历,北杂剧已十分衰落,代之而兴起的是由京杭运河而北上的昆山腔和弋腔。由此可见,由于京杭运河是贯通我国南北的重要交通动脉,其流域商品经济繁荣,流动人口众多,具有音乐传播的良好的外部条件,因而京杭运河的通行带动了昆山腔和弋阳腔的北传。弋阳腔由此在河北兴起。据沧州史料记载,有清一代,兴济曾出现大量长亭弋阳腔班,由安徽、江西的商人组织在运河沿线进行常年的演出。"

随着戏船缓缓驶过各个码头,那些身着华丽戏服的演员纷纷登台表演。他们用精湛的演技和动人的歌声,将昆山腔和弋阳腔的魅力传递给观众。观众被这些美妙的音乐吸引,纷纷驻足观赏,甚至有些人为了能够欣赏到更多的演出而跟随戏船一路北上。这些江湖戏班不仅是为了赚钱而存在,更重要的是他们承载着一种珍贵的文化遗产。通过他们的演出,昆山腔和弋阳腔得以传承和发扬光大。这些声腔不仅仅是音乐形式,更是一种文化的表达和传承。它们记录了历史的故事,传递了人们的情感和思想。在京杭运河的沿岸,各个地方都形成了独特的戏曲文化。例如,在扬州,昆曲成了当地的代表性艺术形式,吸引了无数观众前来欣赏。而在苏州,昆曲更是被列为国家级非物质文化遗产,得到了更加广泛的关注和保护。除了昆山腔和弋阳腔,京杭运河还促进了其他声腔的传播和发展。例如,海盐腔和余姚腔也在运河沿线得到了广泛传播。这些声腔各自有着独特的特点和风格,丰富了中国戏曲的多样性。

京杭运河作为一条重要的交通动脉,不仅是连接南北的纽带,更是音乐文化交流的重要平台。为昆山腔和弋阳腔等传统戏曲声腔的传播提供了便利条件,使得这些宝贵的文化遗产得以传承和发展,也促进了各地戏曲文化的繁荣和交流,丰富了中国戏曲的多样性。

（二）徽班进京

1790年，乾隆皇帝80岁寿辰之际，各地照例组织戏班前往京城贺寿。其中，来自扬州的高朗亭带领着三庆戏班，乘坐平底船沿着大运河向京城进发。然而，三庆班的人们可能没有预料到，他们的贺寿演出竟然成了在北京的成名之作，并在演出中逐渐形成了京剧的雏形。随后，四喜、启秀、霓翠、和春、春台等戏班相继乘船沿运河北上进京。这些戏班以安徽籍艺人为主，因此被称为徽班。在演出过程中，六个戏班逐渐合并为四个，史称"四大徽班进京"。

在接下来的几十年里，徽班不断南下北上，在运河流域巡演。他们在演出中吸收了各地民间戏曲的精华，并逐渐形成了以"皮黄戏"为主的新剧种。此剧种兼容了昆腔、吹腔、拨子、罗罗等地方声腔，曲调优美，剧本通俗易懂。因此，它受到了北京观众的热烈欢迎。渐渐地，这种带有北京特点的皮黄戏开始被称为"京戏"，也被称为"京剧"。如今，它已成为中国的国粹。

在京剧中，演员们不仅要精通唱、念、做、打的基本功，还要具备丰富的表演经验和深厚的艺术修养。他们通过不断的排练和演出，不断磨砺自己的技艺，追求更高的艺术境界。同时，他们也注重与观众的互动，通过细腻的表情和动作，将角色的情感传递给观众，引发共鸣。

京剧作为中国的国粹，不仅是一种艺术形式，更是一种文化的传承和表达。它融合了中国古代文化的智慧和精髓，展现了中国人民的审美情趣和精神追求。无论是在舞台上还是幕后，京剧演员们都秉持着对传统文化的热爱和敬畏之心，努力传承和发扬这一宝贵的文化遗产。

如今，京剧已经成了中国文化的重要组成部分，也受到了国内外观众的关注和喜爱。无论是在国内还是国际上，京剧都扮演着重要的文化交流的角色。它不仅展示了中国的传统艺术魅力，也为世界各地的观众带来了独特的视听享受。

第七章

中国大运河与非物质
文化遗产的深度关联

中国大运河作为一项重要的线性活态遗产和文化遗产廊道，不仅为我们留下了丰富的物质遗产，还为我们传承了内涵丰富的非物质文化遗产。它不仅具有极高的艺术价值和文化内涵，也是我们认识和了解中国传统文化的重要窗口。

一、中国大运河非物质文化遗产概述

（一）人类口述遗产和物质遗产介绍

人类口述遗产和物质遗产是指那些具有历史、文化、艺术和科学价值的文化遗产，包括人类创造的各种物质文化和口传文化。这不仅代表了人类在不同历史时期的智慧和创造力，也为我们提供了了解人类文化和社会发展的珍贵资料。

口传文化是指通过一代代人口耳相传的方式传递的文化遗产。通常包括民间故事、传说、民歌、谚语等，反映了人类在不同历史时期的信仰、价值观和生活方式。口传文化具有极高的历史和文化价值，是研究人类历史和文化的重要依据。

物质文化是指人类创造的各种具有历史、艺术、科学和文化价值的物质遗产，包括建筑、艺术品、手工艺品、文物等，反映了人类在不同历史时期的审美观念和技术水平。物质文化对于了解人类历史和文化发展具有重要意义，也是文化遗产的重要组成部分。

人类口述遗产和物质遗产具有以下特点。

（1）多样性：人类口述遗产和物质遗产具有丰富的多样性，包括不同地域、不同民族、不同历史时期的遗产，反映了人类文化的多样性和独特性。每个地区都有其独特的文化传统和价值观，这些传统和价值观通过口述遗产和物质遗产得以传承和表达。例如，中国的京剧、意大利的歌剧、印度的舞蹈等都是各自国家的独特文化遗产，展示了不同地区人民的生活方式、信仰和艺术表达方式。

（2）不可再生性：人类口述遗产和物质遗产一旦遭到破坏或遗失，将无法再生。保护和传承这些遗产具有重要意义。许多口述遗产和物质遗产是独一无二的，代表了特定历史时期和文化背景下的珍贵信息。如果这些遗产被破坏或遗失，将失去了解和研究人类历史和文化的重要资料。保护和传承这些遗产是我们对后代的责任，也是维护人类文化多样性的重要举措。

（3）价值性：人类口述遗产和物质遗产具有极高的历史、文化、艺术和科学价值，对于了解和研究人类历史和文化具有重要意义。这些遗产记录了人类社会的发展和演变过程，反映了人类的智慧和创造力。通过研究和保护这些遗产，可以更好地理解过去的社会结构、宗教信仰、艺术表达方式等，从而丰富我们对人类文明的认知。

（4）传承性：人类口述遗产和物质遗产是通过世代传承而得以延续的。不仅是前人的智慧和创造力的体现，也是后人了解和研究人类历史和文化的重要资料。通过口述遗产和物质遗产的传承，可以将历史和文化的传统传递给后代，让他们了解和欣赏自己的文化根源。传承也有助于保持文化的连续性，使人们能够更好地理解和尊重不同的文化背景。

人类口述遗产和物质遗产是了解和研究人类历史和文化的重要资源，具有极高的历史和文化价值。保护和传承这些遗产对于维护世界文化的多样性和独特性具有重要意义。我们应该共同努力，采取有效的措施来保护这些宝贵的遗产，让它们得以延续和发展，为后代留下丰富多彩的文化遗产。

（二）中国大运河非物质文化遗产的界定

需要明确哪些遗产可以归为中国大运河非物质文化遗产。根据笔者的理解，并非所有中国大运河区域内的非物质文化遗产都可以被归纳到这个分类下。一个遗产是否属于中国大运河非物质文化遗产的范畴，主要取决于其形成、传承和发展变化是否与中国大运河有直接或间接的关联，是否具有内生、发展、演变和传承的必然联系。

具体来说，以下几类遗产可以被归为中国大运河非物质文化遗产。

1. 与大运河本体建设过程直接相关的非物质遗产

包括许多传统技艺和设施营造技艺，其中，运河开凿与疏浚中的传统勘测度量技艺是一项重要的技术，通过使用传统的测量工具和方法，对运河的地形、水文等进行精确测量和评估，为运河的开凿和疏浚提供了重要的数据支持。

构筑闸坝的传统技艺也是大运河建设过程中不可或缺的一部分。包括设计和建造闸门、坝体等水利设施的技术，以及维护和管理这些设施的方法。通过这些技艺，人们能够有效地控制运河的水位和水流，确保运河的安全运行。

分水引水蓄水泄水的传统设施营造技艺也是大运河建设中重要组成部分。包括设计和建造引水渠道、水库、泄洪道等设施的技术，以及管理和维护这些设施的方法。通过这些技艺，人们能够合理地分配水资源，保证运河的供水和排水需求。

与大运河本体建设过程直接相关的非物质遗产涵盖了许多传统技艺和设施营造技艺，不仅在历史上为大运河的建设和发展作出了重要贡献，也为后人提供了宝贵的经验和知识。保护和传承这些非物质文化遗产，对于维护大运河的历史和文化价值具有重要意义。

2. 与大运河原生性功用直接相关的非物质遗产

包括许多传统技艺和工艺，为大运河的运营和发展作出了重要贡献。

传统漕运船舶的制造技艺是其中之一。漕运船舶是大运河上运输货物和人员的重要工具，其制造需要精湛的木工技术和航海知识。传统的漕运船舶制造技艺包括船体的设计、木材的选择和加工、船舱的布局等方面，这些技艺代代相传，至今仍然保留着独特的风格和特点。

漕粮仓库的传统营造与防潮防蛀工艺也是与大运河密切相关的非物质遗产。漕粮仓库是用于储存粮食和其他物资的重要设施，其建筑结构和防潮防蛀工艺对于保护粮食的质量和延长储存时间至关重要。传统的漕粮仓库营造技艺包括选址、地基处理、墙体和屋顶的建造等方面，而防潮防蛀工艺则涉及木材的处理、防潮材料的使用等技术。

巨型原木的传统水陆转运技艺也是与大运河相关的非物质遗产之一。大运河沿线地区有丰富的木材资源，巨型原木的运输是一个重要的环节。传统的水陆转运技艺包括原木的选择和加工、运输工具的设计和使用、运输路线的规划等方面，这些技艺不仅需要丰富的经验和技巧，还需要良好的协调和组织能力。

船舶过闸、盘坝的传统技艺也是与大运河相关的非物质遗产之一。大运河上的闸坝是为了保证船只安全通行而设置的设施，船舶过闸、盘坝需要掌握一定的技巧和经验。传统的船舶过闸、盘坝技艺包括船只的操纵、船员的配合、水流的把握等方面，这些技艺不仅要求船员具备高超的技术，还需要他们具备良好的团队合作精神。

与大运河原生性功用直接相关的非物质遗产丰富多样，这些传统技艺和工艺不仅是大运河历史文化的重要组成部分，也是人们智慧和劳动的结晶。保护和传承这些非物质遗产，不仅可以丰富人们的文化生活，还可以促进地方经济的发展和社会的进步。

3. 大运河沿岸派生的人类口述遗产

包括关于大运河的各类故事、传说，河工号子、船工号子等民间口头文学，以及由大运河助推传播的民歌、童谣等。这些口述遗产是大运河文化的珍贵组成部分，记录了人们与大运河的深厚情感和丰富经历。

关于大运河的故事和传说是人们传承下来的宝贵财富。这些故事和传说以大运河为背景，讲述了许多传奇人物和英雄事迹。例如，有关于运河开凿者的故事，他们为了连接南北水系，克服重重困难，付出了巨大的努力和牺牲。还有关于运河上的船只和船员的传说，他们经历了风浪和险阻，展现了勇敢和坚韧的品质。这些故事和传说不仅丰富了人们的想象力，也传承了中华民族的优秀传统和文化价值观。

河工号子和船工号子是大运河沿岸特有的民间口头文学形式。河工号子是河工们在劳动过程中唱的歌曲，以简单而有力的语言表达了河工们的辛勤劳动和对生活的热爱。船工号子则是船工们在航行中唱的歌曲，描绘了船只在波涛汹涌的大运河上行驶的场景，展现了船工们的智慧和勇气。这些号子不仅具有娱乐性和艺术性，也是大运河文化的重要组成部分，反映了人们对大运河的热爱和敬意。

由大运河助推传播的民歌和童谣也是大运河文化的重要表现形式。大运河作为一条重要的交通通道，促进了各地文化的交流和融合。民歌和童谣作为一种传统的音乐形式，通过歌唱的方式传递着人们的生活经验和情感表达。在大运河沿岸，人们通过歌唱民歌和童谣来表达对大运河的赞美和感激之情，同时传承了地方特色和文化传统。

大运河沿岸派生的人类口述遗产是大运河文化的瑰宝，它们记录了人们与大运河的紧密联系和深厚情感。这些口述遗产不仅丰富了人们的文化生活，也传承了中华民族的优秀传统和文化价值观。通过保护和传承这些口述遗产，我们可以更好地了解和感受大运河的历史和文化魅力。

4. 大运河沿岸丰富的表演艺术非物质遗产

在大运河沿线地区，形成了丰富多样的表演艺术形式，这些艺术形式不仅传承了古老的文化传统，而且在历史的长河中不断发展和创新。以下是一些代表性的表演艺术。

戏曲艺术：大运河沿线地区的戏曲艺术有着深厚的历史底蕴。其中，京剧、昆曲和梆子戏等传统戏曲是最为人们所熟知的。这些戏曲形式融合了音乐、舞蹈、文学和戏剧等多种艺术元素，展现了中国古代文化的博大精深。

曲艺：扬州评话和苏州评弹是大运河沿线地区的两大传统曲艺形式。它们以口头叙述为主，结合音乐、歌唱和表演，讲述了各种历史故事和社会风情，深受当地人民的喜爱。

音乐艺术：古琴艺术是中国传统音乐的代表之一，它以其深沉、悠扬的音色吸引了无数的听众。此外，宗教音乐也在大运河沿线地区得到了广泛的传播和发展，如佛教、道教和伊斯兰教的音乐。

舞蹈艺术：京西太平鼓、津门法鼓和余杭滚灯等传统舞蹈都是大运河沿线地区的非物质文化遗产。这些舞蹈形式既有宗教仪式的背景，也有民间娱乐的功能，以其独特的节奏和动作展现了当地的风土人情和文化特色。

5. 大运河沿岸的手工艺非物质遗产

由于大运河的交通助推和促进，许多传统手工技能得以产生、传承和发展。其中，临清的贡砖烧制技艺和苏州的御窑金砖制作技艺是两个典型的例子，它们代表了传统建筑技艺的独特魅力。这些技艺不仅在历史上为大运河沿线地区的建筑提供了坚实的基础，也为后来的建筑艺术发展奠定了基础。除了建筑技艺，大运河还孕育了许多传统纺织技艺。例如，宋锦等高档丝织品和刺绣品的制作技艺，展现了中国传统纺织工艺的精湛技艺和独特风格。这些纺织品不仅具有极高的艺术价值，也是中国传统文化的重要组成部分。大运河沿线地区还有许多手工艺品制作技艺，如玉雕、漆器等。这些手工艺品以其精湛的工艺和独特的设计而闻名于世，成了中国传统工艺的代表之一。同时，雕版印刷技艺也在大运河沿线地区得到了发展和传播，为中国古代书籍的制作和传播作出了重要贡献。

除了传统工艺，大运河沿线地区还形成了许多传统体育和游艺项目，中华传统武术是其中之一，它融合了中国武术文化的精髓，展示了中国人民对武术的热爱和追求。中华传统杂技也是大运河沿线地区的特色之一，它以其高难度和精彩表演受到人们的喜爱。此外，还有许多其他具有代表性的游艺项目，如舞狮、舞龙等，它们丰富了人们的娱乐生活，也成了大运河文化的重要组成部分。

大运河作为中国古代重要的交通枢纽和文化传播通道，为传统手工技能、纺织技艺、手工艺品制作技艺以及传统体育和游艺民俗的发展提供了良好的条件。这些传统技艺和活动不仅丰富了人们的生活，也成为中国文化的瑰宝，值得我们传承和发扬。

二、中国大运河非物质文化遗产介绍

中国大运河是一条承载着悠久历史和丰富文化底蕴的河流，见证了中国古代社会的繁荣和发展。在这条河流的沿岸，留下了许多珍贵的非物质文化遗产。这些遗产是中国大运河文化的精髓，也是中华民族的瑰宝。通过对中国大运河非物质文化遗产的介绍，可以更好地认识和了解这些宝贵的文化遗产，为未来的文化传承和发展作出贡献。

（一）口头传说与表述

1. 运河传说

（1）四女寺的传说

四女寺的传说源自一个古老的故事，这个故事发生在汉朝时期。相传在傅姓人家中，有四个女儿，由于家中没有儿子，面临着无人继承家业的困境。为了照顾年迈的父母，四位女儿决定各自在门口种一棵树。她们约定，谁的树死了，谁就结婚。然而，令人惊讶的是，四棵树都活了下来，枝繁叶茂，长成了参天大树。人去迹存，四棵槐树依然亭亭玉立，于是世人遂改安乐镇为四女树，后人为纪念四女，使其德世代相传，便为其建祠塑像、树碑立传，后又将四女树更名为四女寺，一直沿传至今。

实际上，四女寺的传说不仅限于这个故事。在历史上，四女寺是位于大运河南岸的一个著名古镇。由于其地理位置优越，成为水陆交通要冲。凭借京杭大运河码头和"九州通衢"官道的便利，四女寺的传说广泛流传于周边县区。历代官吏、文人墨客也留下了大量的游记、诗词等文献，对四女"和睦事亲"的传统美德大加赞誉，历经千百年流传不衰。

四女寺的传说不仅是一个简单的民间故事，更是一个历史悠久的文化现象。它体现了孝顺、团结、友爱的精神，也反映了古代中国的文化传统和社会风貌。故事激励着人们传承和弘扬中华民族的优秀传统文化，也提醒着人们要珍惜亲情、友情和家庭。

（2）临清运河铁窗户的传说

临清运河铁窗户的传说是一个富有历史韵味的故事，它与临清南湾子（C形水道）的运河河道紧密相连。相传在古代，大禹为了治理洪水，稳定运河的水流，特意在这个特殊的地段设置了铁窗户。这些铁窗户在一段时间内有效地调节了运河的水量，减少了水患的发生。

然而，随着时间的流逝，运河的水患再次肆虐。人们开始传言，是因为大禹设置的铁窗户被河水冲走，导致水患加剧。为了解决这个问题，临清的工匠们开始研究如何制造出更加坚固的铁窗户。经过多次试验和改进，终于成功地制造出了新一代的铁窗户，并重新安装到了运河上。新一代的铁窗户不仅坚固耐用，而且具有独特的调节水量功能。当运河的水量过大时，铁窗户会自动打开，分流河水；当运河的水量过小时，铁窗户会自动关闭，保持河水的稳定。这个发明让临清的运河减少了水患的发生，再次变得宁静起来。

临清运河铁窗户的传说不仅是一个关于治水的故事，更是一个关于创新和智慧的故事。它展现了临清人民在面对困难时的勇气和智慧，也反映了中国人民自古以来在治水方面的伟大成就和民族精神。这个故事告诉人们，只要勇于创新、善于思考，就能够克服困难，创造出更加美好的未来。

（3）水漫泗州城的传说

水漫泗州城的传说与大运河和泗州城有着紧密的联系。据传，在明朝，大运河曾经流经泗州城下。泗州城是一个繁荣的城镇，然而，随着时间的推移，大运河的水位不断上升，最终导致了泗州城被水淹没。

这个传说中，水漫泗州的原因与一只神秘的水怪有关。这个水怪被称为"水母娘娘"，她居住在大运河的水底，掌控着河水的流动。然而，由于她对泗州城的老百姓在她的地盘上建城感到不满，决定用洪水来淹没泗州城。

在这个传说中，刘伯温扮演了一个重要的角色。他是一位道士，也是明朝的开国功臣。当得知水母娘娘的计划后，他决定采取行动。他从沈万山那里借来了聚宝盆，并用它来堵住运河的水眼。这个聚宝盆是一个神奇的宝物，它能够吸收并储存大量的水。刘伯温利用它将运河的水位降低，从而避免了泗州城的洪水泛滥。

水漫泗州城的传说展现了人们对大自然的敬畏和对自己命运的无奈，也反映了中国人民在面对自然灾害时的勇气和智慧。这个传说也描绘了刘伯温的英勇和智慧，使他成了一位民间英雄。

2. 船工号子

船工号子，一种历史悠久的传统民歌，与航运和船务等劳动过程紧密相连。这种歌曲起源于船工们的工作实践，是在劳动中为了统一节奏、协调动作以及振奋精神而创作的。

船工号子不仅是一种音乐形式，更是一种独特而深刻的文化符号，它承载着劳动人民的热情与坚韧，对生活的热爱与向往。在漫长的航行中，船工们面对着各种挑战和困难，但始终保持着乐观向上的态度。船工号子作为精神支柱，激励着他们克服一切困难，勇往直前。

船工号子的歌词内容丰富多样，既有描绘海洋风光、表达船工辛勤劳作的诗句，也有抒发他们对美好生活的向往和追求。这些歌词以简洁明了的语言表达出船工们的内心世界，让人们能够深刻感受到他们的艰辛与付出。

船工号子的音乐风格别具一格，旋律优美动听。它通常采用简单易记的曲调，使船工们能够轻松地跟随节奏进行工作。同时，船工号子注重节奏的变化和音调的起伏，以增加歌曲的表现力和感染力。

随着时间的推移，船工号子逐渐融入了当地的文化传统中。它不仅在船上被传唱，在陆地上也成了人们喜爱的音乐形式。如今，船工号子已经是一种独特的文化遗产，被广泛传承和发扬。

船工号子是一种富有历史和文化内涵的传统民歌，不仅是船工们劳动的伴奏，更是一种精神的象征。传唱船工号子，能够感受到劳动人民的勤劳和坚韧，也能够体会到他们对生活的热爱和追求。这种独特的文化遗产让我们更加了解和珍惜劳动人民的智慧与精神。

（二）表演艺术

1. 京剧

京剧，作为中国戏曲艺术的瑰宝之一，起源于安徽的徽剧，也被通称为皮黄戏。历史可以追溯到清乾隆五十五年（1790 年），当时南方的三庆、四喜、春台和和春四大徽班相继进入北京演出。这些班社不仅带来了徽剧的精彩表演，还吸收了汉调、秦腔和昆曲的部分剧目、曲调和表演方法。通过融合和演变，创造了一种全新的声腔，更加悦耳动听，被称为"京调"。

在清朝末期和民国初期，上海的戏院几乎全部被京班掌握，京剧正式被称为"京戏"。随着时间的推移，京剧在全国范围内逐渐流行开来。表演形式丰富多样，包括唱、念、做、打等元素，以及独特的脸谱化妆和华丽的戏服。京剧的剧情通常取材于历史故事、神话传说和文学作品，京剧以其精湛的演技和精心设计的舞台布景，将观众带入一个充满戏剧冲突和情感表达的世界。

京剧的演员需要经过长时间的专业训练，学习唱腔、身段、表演技巧等方面的知识和技能；必须具备高亢激昂的唱腔技巧，能够通过声音的变化和音调的起伏来表达角色的情感和内心世界；需要具备精湛的身段表演能力，能够通过动作和姿势来展现角色的性格特点和身份地位。京剧演员还需要具备良好的表演节奏感和舞台意识，能够与舞台上的其他演员紧密配合，共同演绎出精彩的演出效果。

京剧的音乐伴奏也是其独特之处之一。它采用了传统的乐器组合，如二胡、琵琶、笛子等，以及锣鼓等打击乐器。这些乐器的演奏方式和音色特点与京剧的表演风格相得益彰，为演员的演唱提供了有力的支持和衬托。

如今，京剧已经成为中国传统文化的重要组成部分，深受人们的喜爱和推崇，不仅在国内各地举办演出和比赛，还经常在国际上展示着中国戏曲的魅力。京剧的发展也得到了政府和社会的大力支持，许多学校和机构都开设了京剧培训班，培养了一批批优秀的京剧演员和传承人。

总之，京剧作为中国戏曲艺术的瑰宝，以其独特的声腔、精湛的表演和丰富的剧目而闻名于世。它的起源和发展经历了漫长的历史过程，但始终保持着独特的魅力和影响力。无论是在舞台上还是在生活中，京剧都是中国文化的重要代表之一，值得我们继续传承和发扬。

2. 昆曲

昆曲是中国的一种传统戏曲形式，起源于 14 世纪苏州昆山。最初是由南戏发展而来的，而南戏是在宋代末年民间兴起的音乐形式。昆曲以其曲词典雅、行腔婉转、表演细腻著称，被誉为"百戏之祖"。

昆曲在明代中叶逐渐走向全国，成为当时中国剧坛的代表。以鼓、板控制演唱节奏，以曲笛、三弦等为主要伴奏乐器，糅合了唱、念、做、打、舞蹈及武术等多种表演形式。昆曲的表演细腻、婉转、典雅，具有很高的艺术价值。

随着时间的推移，昆曲逐渐发展成为一种具有独特魅力的戏曲形式。不仅在当时受到广泛的欢迎和推崇，而且对后来的戏曲形式产生了深远的影响。2001 年，昆曲被联合国教科文组织列为"人类口述遗产和非物质遗产代表作"，体现了昆曲独特的文化价值和历史意义。

昆曲是中国传统文化的重要组成部分，具有丰富的历史和文化内涵，是中国传统戏曲艺术的瑰宝。保护和传承昆曲文化对于弘扬中华文化、促进社会和谐发展具有重要意义。

随着社会的发展和变迁，昆曲面临着许多挑战和困境。一方面，现代社会快节奏的生活方式使得人们欣赏和学习昆曲的机会越来越少；另一方面，年青一代对于传统文化的兴趣逐渐减少，导致昆曲的传承面临困难。需要采取一系列措施来保护和传承昆曲文化。

3. 扬州评话

扬州评话是江苏省扬州地区的一种曲艺形式，起源于明朝末年，发展于清朝初年。以扬州方言徒口讲说表演的曲艺说书形式，流行于苏中、苏北和南京、镇江、上海等地。

扬州评话以描写细致入微、结构严谨、首尾呼应、头绪纷繁但井然不乱而见长，表演讲求剧情细节丰富，人物形象个性鲜明，语言生动有趣。著名书目有《三国》《水浒》等。

到了清朝中叶，扬州评话达到了极盛阶段。其以徒口讲说表演为主，演员手持折扇或手帕进行表演，注重发声和吐字的清晰，以及节奏的掌控。扬州评话还吸收了苏州弹词、上海评话等其他曲艺形式的元素，形成了自己独特的艺术风格。

在历史上，扬州评话曾涌现出许多著名的说书家，如明末清初的柳敬亭等人。这些艺术家根据自己的生活体验加工充实传统节目，创编新书，推动了这个艺术形式的繁荣发展。

中华人民共和国成立后，扬州评话得到了进一步的发展和推广。许多老艺人在新时代背景下，积极向南京、上海及江南地区拓展，并涌现出一批新的说书家。如今，扬州评话已经成为江苏省的重要非物质文化遗产之一，并于 2006 年被列入第一批国家级非物质文化遗产名录。

扬州评话以其独特的艺术风格和历史文化背景而著名，是中国曲艺宝库中的重要组成部分。不仅在中国国内广受欢迎，也在国际上享有盛誉。扬州评话作为一种传统艺术形式，不仅传承着中国传统文化精髓，也为人们提供了一种娱乐休闲方式。

4. 苏州评弹

苏州评弹是苏州评话和苏州弹词的总称，是一种采用吴侬歌语徒口讲说表演的传统曲艺说书戏剧形式，其起源可以追溯到宋代的说话技艺。这种艺术形式最初在苏州兴起，并逐渐流行于江苏、浙江和上海等地，以苏州方言进行演唱。

苏州评弹的历史非常悠久，早在清乾隆时期就已经相当流行。其中最著名的艺人之一是王周士，他曾有幸为乾隆皇帝演唱过。嘉庆和道光年间，陈遇乾、毛菖佩、俞秀山和陆瑞廷四位名家崭露头角，成为评弹界的代表性人物。咸丰和同治年间，马如飞、赵湘舟和王石泉等人也相继崛起，使得苏州评弹艺术更加多样化，流派纷呈。从那时起，苏州评弹艺术经历了两百多年的发展，一直保持着旺盛的生命力。

为了保护和传承这一宝贵的非物质文化遗产，苏州评弹分别于 2006 年被选入第一批国家级非物质文化遗产新增项目名录，2008 年及 2011 年入选第二批及第三批扩展项目。这一荣誉不仅是对苏州评弹艺术形式的认可，也是对其历史和文化价值的高度肯定。通过这样的认可和保护，苏州评弹得以继续传承和发展，为更多的人带来欢乐和艺术享受。

5. 北京评书

北京评书是一种以普通话为基础的传统说唱艺术形式，其起源可以追溯到唐宋时期，并在明清时期达到了巅峰。作为北方地区影响深远的一种曲艺形式，北京评书主要流传于北京、天津、河北、辽宁、吉林、黑龙江等地。

在表演北京评书时，通常由一个人坐在桌子后面进行说唱，以折扇和醒木作为道具，通过手势、表情等手段来交代故事情节，刻画人物形象。常常借助口技模拟风、雨、炮、马等声音，以增强节奏感，渲染气氛。

2008 年，北京评书经过国务院批准，被列入第二批国家级非物质文化遗产名录。这一荣誉进一步彰显了北京评书在中国文化遗产中的重要地位。它不仅是一种艺术形式，更是中国传统文化的重要组成部分。通过评书的表演，人们可以感受到古代文化的魅力，了解历史故事和传统价值观。

北京评书的传承和发展离不开一代代评书艺人的努力和付出。他们通过不断的学习和实践，将评书艺术发扬光大。评书也受到了现代科技的影响，一些评书艺人开始利用录音设备和互联网平台来传播评书艺术，让更多的人能够欣赏到这一独特的表演形式。

北京评书作为中国传统的说唱艺术形式，具有悠久的历史和深厚的文化底蕴。通过表演者的精湛技艺和口才，将故事情节生动地呈现给观众，让人们在欣赏的同时感受到传统文化的魅力。我们应该珍惜和传承这一宝贵的文化遗产，让它在新的时代焕发出更加璀璨的光芒。

6. 山东快板

山东快板是一种源自山东的传统说唱艺术形式，以平词说唱为主要表现方式，通常由竹板儿（大板儿和节子板儿）来伴奏。这种表演形式在山东地区有着悠久的历史和深厚的文化底蕴。

传统快板表演形式包括单口、对口、群口快板，还有快板书等。单口快板是由一个演员独自表演，通过平词说唱的方式讲述故事或表达情感；对口快板则是由两个演员对唱，通过对话的形式进行表演；群口快板则是由多个演员一起表演，形成一种集体的演出效果。快板书是一种结合了快板和评书的艺术形式，通过快板的说唱和评书的叙述相结合，讲述历史故事或神话传说。

山东快板的表现艺术特点是短小精悍、明快爽朗。表演剧目通常是改编了的历史演义或神话传说，具有浓郁的地方特色和人文风情。山东快板的表演形式多样，既有幽默诙谐的段子，也有慷慨激昂的表演，能够吸引观众的注意力并引发共鸣。

随着中华人民共和国成立和改革开放的进程，山东快板也与时俱进，创作出一些现代段子。通常都是教育人们知书达理、明辨是非的，通过幽默的方式传递正能量和积极的社会价值观。山东快板的现代创作不仅保留了传统的艺术特点，还融入了现代社会的元素，使其更加贴近人们的生活和思想。

山东快板是山东省艺术研究院非物质文化遗产，也被纳入山东省第五批省级非物质文化遗产代表性项目名录。作为中国曲艺曲种之一，山东快板深受广大人民的喜爱和传承。无论是在乡村还是城市，山东快板都有着广泛的受众群体，成为人们娱乐生活中不可或缺的一部分。山东快板的传承和发展也为山东地区的文化繁荣作出了重要贡献。

7. 相声

相声是一种源自中国华北地区的民间说唱曲艺表演艺术形式，如今已经在全国范围内流行开来。它以说、学、逗、唱为基本形式，通过独特的表演方式和幽默的语言表达，展现出其独特的特点和魅力。

相声表演通常由两人组成，其中一人扮演逗哏的角色，另一人则扮演捧哏的角色。逗哏是相声表演的主角，负责引导整个表演的节奏和氛围，而捧哏则是配角，通过插科打诨、嬉笑怒骂等方式与逗哏互动，以达到娱乐观众的效果。

相声的表演形式多样，包括单口相声、对口相声和群口相声等。单口相声是由一个演员独自表演，通过自己的语言和表情来引发观众的笑声；对口相声则是由两个演员进行对话，通过相互的配合和对答来制造笑料；群口相声则是由多个演员共同参与，通过集体的表演来展现更多的笑点和情节。

相声的内容丰富多样，涵盖了社会生活的各个方面。常常以生活中的琐事、社会现象、人物形象等为素材，通过夸张、讽刺、幽默等手法进行刻画和演绎，使观众在欢笑中反思。相声具有贴近生活的特点，能够真实地反映社会的风貌和人们的情感状态，因此深受广大观众喜爱。

在中国，相声已经成了人们文化生活的一部分，许多经典段子广为流传，不仅具有娱乐性，更蕴含着深刻的思想和智慧。它通过幽默的方式传递对社会现象的观察和思考，引发人们对生活的思考和共鸣。

随着社会的发展，相声也在不断创新和变革。现代相声演员们注重与时俱进，将传统相声与现代元素相结合，创造出更多新颖的表演形式和内容。通过对社会热点、时事等的关注和解读，使相声更加贴近现实生活，引发观众更多的欢笑和启示。

相声作为一种中国曲艺表演艺术，以其独特的形式和魅力深受人们喜爱。不仅是一种娱乐方式，更是一种文化的传承和发展。无论是传统的经典段子还是现代的创新作品，相声都能够给人们带来欢乐和思考，成为人们生活中不可或缺的一部分。

8. 中国古琴艺术

中国古琴艺术是一种历史悠久的独奏艺术形式，起源于中国传统文化，具有丰富的文化内涵和艺术价值。古琴因其独特的音色、技巧和表现力，被誉为"琴棋书画"四艺之一，是中国传统文化艺术的瑰宝。

古琴的构造和演奏技巧独具特色。古琴具有宽广的音域和深沉的音色。人们演奏时，多采用手指或拨子拨动琴弦，发出悠扬的琴音。古琴的演奏技巧包括滑弦、拨弦、煞弦、泛音等，能够弹奏出生动、优美的音乐。

古琴艺术在中国文化中有着重要的地位。自古以来，古琴就是文人雅士们修身养性的重要工具。在古代，琴乐被广泛用于祭祀、宴会、独奏和室内娱乐中，成了一种高雅的艺术形式。许多古代贤士和文化名人都与古琴有着密切的联系，如孔子、李白、白居易等，不仅精通琴艺，还留下了许多与古琴相关的诗词和故事。

古琴艺术不仅在中国本土有着广泛的影响，还对东亚、东南亚等地的音乐文化产生了深远的影响。古琴艺术曾传播到日本、韩国、越南等地,对这些国家的音乐文化产生了深远的影响。

古琴艺术是一种具有独特魅力和丰富内涵的艺术形式,不仅是中国传统文化的重要组成部分,也是全人类共同的文化遗产。通过其独特的音色、技巧和表现力,将人们带入一个美妙而神秘的音乐世界。无论是在古代还是现代,古琴艺术都一直吸引着众多音乐爱好者和艺术家的关注和热爱。古琴不仅是一种音乐形式,更是一种精神追求和文化传承的象征。

(三)社会实践、仪式、节庆活动

1. 妈祖信俗

妈祖信俗是中国传统民俗文化中的重要组成部分,其核心理念是崇奉和颂扬妈祖的立德、行善、大爱精神。这一信仰以妈祖宫庙为主要活动场所,通过庙会、习俗和传说等形式来传承和表达。

妈祖信俗的起源可以追溯到北宋时期,最初是妈祖家乡福建莆田地区的一种民间信仰和习俗。随着时间的推移,妈祖信俗逐渐传播到其他地区,成为一种具有广泛影响力的文化现象。

历史上,妈祖信俗曾受到过多次打压和禁止。由于深厚的社会基础和民间信仰的力量,其始终没有完全消失。相反,随着时间的推移,妈祖信俗逐渐得到了更多的认可和尊重。

2006年,妈祖祭典被列入第一批国家级非物质文化遗产名录,对其历史和文化价值高度认可。2009年,联合国教科文组织将妈祖信俗列入"人类非物质文化遗产代表作名录",使其成为中国首个信俗类世界遗产。这一荣誉进一步彰显了妈祖信俗的重要性和影响力。

妈祖信俗已经成为一种具有重要历史和文化价值的文化现象,被广泛传承和传播。每年都有大量的游客和信众前来参观和朝拜妈祖,感受其深厚的历史和文化内涵。他们不仅能够欣赏到妈祖宫庙的壮丽建筑和精美艺术品,还能够亲身参与庙会活动,体验传统的民俗表演和仪式。

妈祖信俗的传承和发展离不开社会各界的支持和努力。政府、文化机构和社会组织都在积极推动妈祖信俗的保护和传承工作。通过举办展览、演出和文化节庆等活动，人们能够更好地认识和了解妈祖信俗的历史和文化内涵。

妈祖信俗也对当地经济和社会的发展起到了积极的推动作用。旅游业的兴起为当地带来了丰厚的经济收益，也促进了文化交流和人员流动。妈祖信俗成了吸引游客的重要旅游资源，为当地居民提供了就业机会和经济来源。

妈祖信俗作为中国传统民俗文化的重要组成部分，不仅具有深厚的历史和文化内涵，还对社会经济的发展起到了积极的推动作用。我们应该共同努力，保护和传承这一宝贵的文化遗产，让更多的人感受和了解妈祖信俗的魅力。

2. 通州开漕节

通州开漕节是明代兴起、清末消亡的漕运中的一种仪式，每年农历三月初一，来自山东、河南的漕船陆续抵达通州。在通州，漕船逗留十日，然后必须及时返航。而每年的清明节前后，在公祭仪式完成后，民祭开始。仪式感非常强，具有很深的象征意义。既是对风调雨顺的祈求，对丰收的期待，也是对船工辛勤工作的嘉奖，以及对漕运官员恪尽职守的赞扬。

随着时间的推移，通州开漕节逐渐与当地的文化和民俗融合，形成了一种独特的文化现象。虽然这个节日在清末消亡了，但在中国的历史和文化中却留下了深刻的印记。

通州开漕节的仪式包括许多环节，其中最重要的是公祭仪式。在这一天，当地官员会率领一支庞大的队伍，前往漕运码头进行祭祀。会向神灵祈求风调雨顺、五谷丰登，并表达对漕运官员和船工们的敬意和感激之情。除了公祭仪式，民祭也是通州开漕节的重要组成部分。在公祭仪式结束后，当地居民会自发组织各种庆祝活动，如舞龙舞狮、放烟花爆竹等。不仅增加了节日的喜庆氛围，也展示了当地人民的团结和热情。通州开漕节还伴随一系列的传统习俗和民间艺术表演。例如，当地会有传统的戏曲演出、杂技表演和民间舞蹈等。不仅丰富了节日的内容，也传承了中国传统文化的精髓。

尽管通州开漕节已经消亡多年，但它的影响仍然深远。它不仅是对古代漕运文化的传承，也是对勤劳智慧的船工和漕运官员的纪念。它提醒着人们珍惜水资源、保护环境，以及重视交通运输的重要性。

如今，虽然通州开漕节已经不再举行，但人们对这个节日的记忆和怀念仍然存在。一些地方甚至会举办相关的纪念活动，以弘扬通州开漕节的精神和价值观。这不仅让人们了解和感受传统文化的魅力，也促进了当地旅游业的发展。

通州开漕节作为一项重要的历史文化遗产，不仅具有深厚的象征意义，也融入了当地的文化和民俗。这不仅是对古代漕运文化的传承，也是对勤劳智慧的船工和漕运官员的纪念。虽然这个节日已经消亡多年，但它的影响仍然深远，成了中国历史和文化中不可磨灭的一部分。

（四）传统手工艺

1.杨柳青木版年画

杨柳青木版年画是中国的一种民间传统美术，具有独特的风格和丰富的文化内涵。其起源于明代万历年间，盛于清代中叶。

杨柳青木版年画的内容非常丰富，题材广泛，包括历史故事、戏曲人物、财神、美人、胖娃娃等。年画采用刻绘结合的手法，刻工精美，绘制细腻，它的构图丰满、笔法匀整、色彩鲜艳，人物的头脸、衣饰等重要部位多以粉、金晕染，别具风格。

杨柳青木版年画具有独特的历史和文化价值，反映了中国民间文化的精髓和智慧。2006年，杨柳青木版年画经国务院批准被列入第一批国家级非物质文化遗产名录。这一荣誉进一步彰显了杨柳青木版年画的重要性和独特性。杨柳青木版年画作为中国传统工艺的代表之一，其制作过程需要经过多道工序，包括设计、雕刻、上色等。首先，艺术家们会根据主题和内容进行精心设计，将故事情节和形象转化为具体的图案。其次，使用专业的刀具在木板上进行精细的雕刻，刻画出每一个细节。最后，艺术家们会运用丰富的颜料和技巧，为年画增添鲜艳的色彩和生动的效果。

杨柳青木版年画不仅在中国国内受到广泛的关注和喜爱，在国际上也享有盛誉。作为一种传统的民间艺术形式，其展示了中国人民对美的追求和创造力的体现。杨柳青木版年画也是中国传统文化的重要组成部分，通过年画的形式，人们可以了解到中国的历史、民俗和价值观。

为了保护和传承杨柳青木版年画这一宝贵的文化遗产，中国政府采取了一系列措施。除了将其列入国家级非物质文化遗产名录，还制定了相关政策和法规，加强对杨柳青木版年画的保护和研究。一些专门的机构和组织也致力于推广和传承杨柳青木版年画技艺，培养更多的年轻艺术家，使这一传统工艺得以延续和发展。

杨柳青木版年画作为一种民间传统美术，不仅具有独特的风格和丰富的文化内涵，还承载着中国民间文化的精髓和智慧。它入选国家级非物质文化遗产名录和天津市传统工艺振兴目录，进一步彰显了其重要性和价值。通过保护和传承杨柳青木版年画，可以更好地了解和传承中国的传统文化，也为世界文化艺术的发展作出贡献。

2. 苏州桃花坞年画

苏州桃花坞年画是中国传统木版年画中的一种，是江南地区的民间木版年画，产自江苏省的苏州市，具有悠久的历史和精湛的制作工艺。这种年画以其浓郁的地方特色而闻名于世。苏州桃花坞年画以精美的手法展现了苏州地区的民俗风情和传统文化，具有较高的艺术价值。画面构图饱满，线条流畅，色彩鲜艳，形象生动，富有装饰性。通过细腻的绘画技巧，桃花坞年画将苏州地区的特色元素融入其中，使得每一幅作品都充满了浓厚的地方气息。

桃花坞年画的内容丰富多样，涵盖了吉祥如意、多子多福、驱邪避灾等各种题材。其中，以"一团和气"为题材的年画最为著名。这幅年画表现了民间对于和谐、团圆、美好生活的追求，传递着人们对于家庭和睦、社会和谐的美好愿望，成了桃花坞年画中的代表作品。

桃花坞年画的制作工艺非常精湛，采用了传统的木版印刷技术，经过多道工序制作而成。年画纸质细腻，色彩层次丰富，具有很高的收藏价值。每一幅年画都是艺术家们用心创作的杰作，不仅具有观赏性，更是一种文化的传承和表达。

桃花坞年画作为中国传统文化的重要组成部分，反映了苏州地区的历史和文化传统，也体现了中国人民的审美情趣和精神追求。如今，苏州桃花坞年画已经成了苏州地区的文化名片之一，深受人们喜爱和珍视。无论是在家庭中还是在公共场所，苏州桃花坞年画都能够给人们带来欢乐和美好的回忆。它不仅是艺术品，更是一种文化的传承和延续。

3. 扬州剪纸

扬州剪纸是江苏省扬州市文化艺术的一项重要组成内容，也是中国剪纸流行最早的地区之一。早在唐宋时期，扬州就有剪纸报春的习俗，这一传统已经延续了数百年。

扬州剪纸以其线条清秀流畅、构图精巧雅致、形象夸张简洁而闻名。艺人们运用独特的技法，在剪纸中追求变化和创新，形成了独特的艺术魅力。扬州剪纸作品常常展现出南方民间剪纸艺术的独特风格，成为中国南方剪纸艺术的代表之一。

2006年，扬州剪纸经国务院批准列入第一批国家级非物质文化遗产名录。这一荣誉不仅是对扬州剪纸艺术的认可，也为其传承和发展提供了重要的支持和保障。

扬州剪纸的技艺传承至今，仍然吸引着众多艺术家和爱好者的关注和学习。许多学校和机构开设了剪纸课程，培养了一批批优秀的剪纸艺术家。扬州剪纸也成为当地旅游的一大亮点，吸引了来自世界各地的游客前来观赏和购买。

扬州剪纸不仅是一种艺术形式，更是扬州人民智慧和文化的结晶。通过简单的剪刀和纸张，展现了丰富的想象力和创造力。每一幅剪纸作品都是艺术家们用心创作的艺术品，蕴含着深厚的文化底蕴和情感表达。

4. 中国雕版印刷技艺

中国雕版印刷技艺是一种传统手工技艺，运用雕版印刷技术来印制书籍。这项技艺的历史可以追溯到唐代，并在唐代中后期开始普遍使用。雕版印刷术是一种在版料上雕刻图文进行印刷的技术。雕版印刷在中国的发展经历了几个阶段，从印章、墨拓石碑到雕版，再到活字版。雕版印刷的版料一般选用纹质细密坚实的木材，如枣木、梨木等。首先，将木材锯成一块块木板，然后将要印的字写在薄纸上，反贴在木板上。其次，根据每个字的笔画，用刀一笔一笔地雕刻成阳文，使每个字的笔画突出。一旦木板雕好，就可以开始印书了。雕版印刷技艺在书写和设计上有较高的美学要求。在雕刻过程中，关键要控制刀速和走刀的方向，还特别讲究粘、编、折等操作技巧，整个流程散发着古朴典雅的文化气息。

2006 年，国务院将雕版印刷技艺列入第一批国家级非物质文化遗产名录。2009 年，"中国雕版印刷技艺"被联合国教科文组织列为"人类非物质文化遗产代表作名录"。这些荣誉进一步彰显了中国雕版印刷技艺的重要性和独特价值。

5. 苏绣

苏绣，是苏州地区刺绣产品的总称。其独特的艺术形式是江苏省苏州市民间的传统美术，已经被列入第一批国家级非物质文化遗产名录中。苏绣的起源可以追溯到苏州，这座城市以其深厚的文化底蕴和独特的艺术风格而闻名。

作为中国四大名绣之一，苏绣以其图案秀丽、构思巧妙、绣工细致、针法活泼、色彩清雅的独特风格而备受赞誉。这种刺绣艺术不仅具有高度的艺术价值，而且深深地融入了苏州的地方特色，使其更加丰富多彩。

苏绣以苏州刺绣研究所所在地高新区的镇湖镇（现改为街道）的刺绣最为有名，镇湖被誉为苏绣的主要发源地，这里的苏绣产品占据了整个苏绣市场的八成份额。这不仅是因为镇湖的地理位置优越，更是因为这里的人们对于苏绣艺术有着深厚的热爱和执着的追求。他们用心去创作每一件作品，用手中的针线去描绘一幅幅美丽的画卷，使得苏绣艺术在这里得以繁荣发展。

6. 扬州玉雕

扬州玉雕是江苏省扬州市的地方传统美术，也是国家级非物质文化遗产。扬州琢玉工艺源远流长，最早可以追溯到四千多年前的夏代，唐代的扬州玉器工艺达到新的高峰。宋代，扬州玉雕出现了镂雕和链雕技艺，为后来的发展奠定了基础。

清代乾隆年间，扬州玉雕进入了全盛时期。自1840年后，扬州琢玉行业逐年衰弱。直到20世纪50年代，扬州玉器厂的成立使得扬州玉雕技艺重新得到传承和发展。

扬州玉雕以其独特的技法而闻名，将阴线刻、深浅浮雕、立体圆雕和镂空雕等多种技法融为一体。这使得扬州玉雕作品呈现出浑厚、圆润、儒雅、灵秀、精巧的特点，具有秀丽典雅、玲珑剔透的艺术风格。

2006年，扬州玉雕经国务院批准被列入第一批国家级非物质文化遗产名录。这一荣誉进一步彰显了扬州玉雕的重要性和价值。为了保护和传承扬州玉雕这一宝贵的非物质文化遗产，2019年11月，《国家级非物质文化遗产代表性项目名录》公布，扬州玉器厂有限责任公司获得了扬州玉雕项目保护单位资格。扬州玉器厂将继续承担起保护和传承扬州玉雕的责任，确保这一传统艺术能够得到长久的保存和发展。

7. 扬州漆器髹饰技艺

扬州漆器髹饰技艺是江苏省扬州市的地方传统手工技艺，也是国家级非物质文化遗产之一。扬州漆器髹饰技艺历史悠久，早在战国时期就已出现，汉代至明清时期逐渐成熟至鼎盛时期。其制作工艺精湛，主要以雕刻和描绘为主，兼有镶嵌、堆塑等手法，注重色彩和光泽的运用。扬州漆器髹饰技艺的品种非常丰富，包括螺钿、雕漆、雕漆嵌玉、刻漆、平磨螺钿、彩绘等多种类型。每一种类型都有其独特的制作流程和艺术特点，如螺钿漆器以贝壳、珍珠等为原料，雕刻成各种图案，再镶嵌在漆器表面；雕漆则是在漆器表面进行雕刻，呈现出各种精美的花纹；刻漆则是用刀在漆器表面刻画出各种图案。

扬州漆器髹饰技艺具有高超的技艺水平和独特的艺术风格，被广泛应用于生活器具、陈设品和建筑装饰等领域。其产品不仅具有实用价值，更具有审美价值和收藏价值。

近年来，随着传统文化的保护和传承，扬州漆器髹饰技艺得到了越来越多的关注和重视。许多传承人和企业致力于保护和发扬这一传统技艺，不断探索和创新，使得扬州漆器髹饰技艺得以传承和发展。

8. 临清贡砖烧制技艺

临清贡砖烧制技艺是一种古老而独特的手工技艺，主要在山东省临清市传承和发扬。这种技艺始于明永乐初期，已有六百余年的历史。

临清贡砖的烧制过程非常复杂精细，包括选土、碎土、澄泥、熟泥、醒泥、制坯、晾坯、验坯、装窑、焙烧、洇窑、出窑、成砖检验等步骤。其中每一步都非常重要，需要严格控制时间和温度等参数。首先，选取优质的土壤作为原材料，经过筛选和破碎后，进行澄泥处理，去除杂质和水分。其次，将澄净的泥土制成坯体，并进行晾晒和检验，确保坯体的质量和形状符合要求。再次，将坯体装入窑中，进行高温焙烧和洇窑处理，使砖块达到理想的硬度和色泽。最后，经过出窑和成砖检验，确保砖块的质量合格。

临清贡砖的质地和色泽非常独特，其质地坚硬，色泽适宜，形状各异，不碱不蚀。这种砖的烧制技艺是我国劳动人民在生产劳动中取得的独特经验，明清时期用此工艺生产的大青砖已被故宫等多处世界级文化遗产建筑所用。临清贡砖因其独特的质地和色泽，被广泛应用于古建筑的修建和修复工程中，成为中国传统建筑文化的重要组成部分。

2008 年，临清贡砖烧制技艺被国务院列入第二批国家级非物质文化遗产名录。临清市也开发了新的生产工艺，将传统技艺与现代科技相结合，以满足全国各地古建筑的修建使用需求。通过引入先进的设备和技术，临清市不仅提高了生产效率，还保证了砖块的质量和稳定性。临清市还积极开展培训和推广活动，吸引更多的年轻人参与到临清贡砖的制作中，传承和发扬这一宝贵的传统技艺。

临清贡砖烧制技艺的传承和发展不仅对于保护和弘扬中国传统建筑文化具有重要意义，也为临清市的经济发展和文化旅游业作出了积极贡献。随着人们对传统文化的重视和对古建筑的需求增加，临清贡砖的市场需求也在不断增长。临清市将继续致力于保护和传承临清贡砖烧制技艺，为推动中国传统建筑文化的繁荣发展作出更大的贡献。

9. 苏州御窑金砖制作技艺

苏州御窑金砖制作技艺，是江苏省苏州市传统手工技艺。它是一种古老而独特的传统手工技艺，其制作过程需要经过多个步骤。制作者需要精心挑选适合的泥土，并进行练泥处理，以使泥土更加柔软和易于塑造。将泥土制成坯体，需要一定的技巧和经验。然后，坯体被装入窑中进行烧制，这是整个制作过程中最关键的一步。烧制的温度和时间需要精确控制，以确保砖的质量达到最佳状态。在烧制完成后，砖需要进行窨水处理，以增加其密度和强度。接着，砖从窑中取出并经过打磨工序，使其表面光滑细腻。在整个制作过程中，每个工序都需要制作者细心观察和处理，以确保砖的质量达到要求。然而，由于制作过程烦琐且耗时，最终成品率极低，只有十分之一左右。

苏州御窑金砖制作技艺具有独特的历史和文化价值，是中国传统建筑文化的重要组成部分。它代表了中国古代高超的制砖技术和精益求精的精神。这种技艺不仅体现了中国古代工匠的智慧和创造力，也展示了苏州地区传统手工艺。苏州御窑金砖制作技艺已经被列入江苏省非物质文化遗产名录。

2006 年，经国务院批准，苏州御窑金砖制作技艺被列入第一批国家级非物质文化遗产名录，得到了保护和传承的重视。通过这种保护措施，人们可以更好地了解和学习这一传统技艺，将其传承下去，让更多的人欣赏到苏州御窑金砖的美丽和独特之处。

三、中国大运河非物质文化遗产保护与传承

非物质文化遗产不仅是大运河两岸人民智慧的结晶，更是中华文化的重要组成部分。然而，随着社会的快速发展，许多非物质文化遗产面临消失的危险。因此，加强中国大运河非物质文化遗产的保护与传承显得尤为重要。通过深入挖掘和研究中国大运河非物质文化遗产，可以更好地认识和了解大运河的历史和文化价值，进而推动文化传承和发展。这有助于提高人们对非物质文化遗产的重视和保护意识，为后人留下宝贵的文化遗产。在未来的发展中，应该采取积极的措施，加强中国大运河非物质文化遗产的保护与传承

工作。

（一）中国大运河非物质文化遗产在保护传承方面存在的不足与对策

1. 缺乏系统的保护机制

中国大运河非物质文化遗产的保护和传承工作在机制建设方面存在明显的不足。尽管我们拥有一些价值极高的非物质文化遗产，但目前还没有形成一套全面的、系统的保护机制。这使得许多珍贵的文化遗产无法得到应有的重视和保护，从而面临流失的风险。这种状况的出现，很大程度上是因为非物质文化遗产的保护和传承涉及多个部门、多个领域，如历史、文化、艺术、社会学等，每个领域都有自己的专业性和工作重点。如果没有一个统一的管理和规划机构，很难将这些分散的资源整合起来，形成合力来保护和传承这些珍贵的文化遗产。

更为严重的是，由于缺乏统一的规划和管理，一些重要的非物质文化遗产项目正面临被忽视、破坏甚至消失的危险。例如，一些传统的技艺和表演形式，因为没有合适的传承人和市场推广，正逐渐消失在人们的视线中。一些传统的建筑和手工艺品，也因为缺乏有效的保护措施，而遭到破坏或遗失。

2. 传承方式单一

中国大运河非物质文化遗产的传承方式单一的问题较为突出。在当前的保护和传承工作中，主要依靠传统的口传身教方式，在很大程度上限制了非物质文化遗产的传播范围，使其难以在新时代得到充分发展和传承。

随着科技的快速进步和社会的发展，人们对非物质文化遗产的需求也在不断增加，探索多样化的传承方式已经变得至关重要。可以考虑利用现代科技手段，如数字化技术、虚拟现实技术等，来进行非物质文化遗产的记录、保存和展示工作。

数字化技术可以为我们提供一种有效的手段，将非物质文化遗产转化为数字形态，从而可以更方便地进行存储、展示与传播。例如，通过录音、录像等方式，将传统音乐、舞蹈、戏剧等表演形式进行数字化记录，再通过互联网和数字媒体等渠道进行传播，让更多的人了解和接触到这些文化遗产。

虚拟现实技术则可以更加身临其境地感受非物质文化遗产的魅力。通过模拟传统的建筑、手工艺制作过程等场景，可以让人们更加深入地了解这些文化遗产的细节和内涵。同时，虚拟现实技术还可以为传承人提供一种新的培训和教育方式，让更多的人在虚拟环境中学习到传统技艺的精髓。

除了数字化技术，还可以通过开展相关的教育和培训活动，来吸引更多的人参与到非物质文化遗产的传承中来。例如，可以在学校、社区等场所开设相关的课程和培训班，教授传统技艺和表演形式，让年轻人能够亲身参与到非物质文化遗产的保护和传承工作中来。

多样化的传承方式不仅可以扩大非物质文化遗产的传播范围，还可以满足新时代的发展需求，为非物质文化遗产的保护和传承提供更多的可能性。应该积极探索新的传承方式，让更多的人能够了解、接触到这些珍贵的文化遗产，为其在新时代的传承和发展贡献力量。

3. 缺乏专业人才

非物质文化遗产的保护和传承工作需要一支具备深厚专业知识和技能的人才队伍。然而，目前从事这项工作的人才队伍尚不强大，且存在人才流失和培养困难等问题。

由于非物质文化遗产的特殊性和复杂性，其保护和传承工作涉及多个领域和专业知识，如历史、文化、艺术、社会学等。因此，需要具备相关专业背景和技能的人才来进行深入的研究、记录、保存和展示工作。例如，对于传统手工艺的传承，需要了解手工艺的历史、技艺特点、材料选择等方面的专业知识；对于传统表演艺术的传承，需要具备音乐、舞蹈、戏剧等方面的专业素养。目前从事非物质文化遗产保护和传承工作的人才队伍的人员有限。一方面，由于该领域对人才的需求较为特殊，导致市场上具备相关专业知识和技能的人才较为稀缺；另一方面，由于非物质文化遗产保护和传承工作的待遇和发展前景等因素，也难以吸引和留住优秀的人才。

4.公众认知度不高

宣传力度不足是当前大运河非物质文化遗产保护和传承工作面临的一个重要问题。许多人对这些珍贵的文化遗产的价值和重要性了解不够，导致其保护和传承缺乏社会广泛参与。公众的认知度是保护和传承非物质文化遗产的基础。只有当更多的人了解并认同非物质文化遗产的价值时，才能形成广泛的社会共识和支持。加大宣传力度是至关重要的。

（二）中国大运河非物质文化遗产的保护要求

1.建立健全保护机制

政府在保护大运河非物质文化遗产方面应承担起更大的责任。政府需要加强对这一领域的重视，将其视为国家文化遗产的重要组成部分。政府可以制定一系列相关的法律法规，为非物质文化遗产的保护提供法律依据和支持。同时可以明确非物质文化遗产的定义、保护范围、保护措施等内容，确保其得到全面而有效的保护。

政府应提供政策支持，鼓励社会各界积极参与非物质文化遗产的保护工作。政府可以设立专项资金，用于资助非物质文化遗产的调查、研究和保护项目。政府还可以通过税收优惠、奖励机制等方式，激励企业和个人投身于非物质文化遗产的保护和传承。

为了确保非物质文化遗产得到有效保护，政府还应建立相应的数据库和档案库。这些数据库和档案库可以收集、整理和保存与非物质文化遗产相关的资料和信息，为后续的研究、保护和传承工作提供便利。政府还应加强监管，建立健全的监督机制，确保非物质文化遗产的保护工作得到有效执行。

除了政府的努力，政府还应积极与相关机构合作，共同推动非物质文化遗产的保护工作。政府可以与文化部门、教育机构、科研机构等建立合作关系，共同开展非物质文化遗产的研究、保护和传承工作。政府还可以与国际组织、非政府组织等开展合作，借鉴国际经验和技术，提升我国非物质文化遗产保护的水平。

政府在保护大运河非物质文化遗产方面应发挥主导作用，通过制定法律法规、提供政策支持、建立数据库和档案库以及加强监管等措施，确保非物质文化遗产得到充分保护。政府还应积极与相关机构合作，共同推动非物质文化遗产的保护工作，为后代留下宝贵的文化遗产。

2. 创新传承方式

除了传统的口传身教方式，现代科技手段为非物质文化遗产的记录、保存和传播提供了更多可能性。数字化技术和虚拟现实技术等工具可以帮助我们更好地捕捉和呈现非物质文化遗产的独特之处。通过数字化技术，可以将非物质文化遗产的内容转化为数字形式，使其更容易被记录和保存。虚拟现实技术可以模拟出真实的场景和体验，让人们能够更加身临其境地感受非物质文化遗产的魅力。

利用互联网和社交媒体等平台，我们可以将非物质文化遗产推广给更广泛的公众。通过建立专门的网站或应用程序，我们可以向公众提供有关非物质文化遗产的详细信息、图片、视频等内容；还可以利用社交媒体平台，如微博、微信等，与公众进行互动和交流，分享非物质文化遗产的故事和背后的文化内涵。通过这些渠道，可以激发公众对传统文化的兴趣和热爱，让更多人了解和关注非物质文化遗产的价值和意义。

3. 加强人才培养

为了保护和传承非物质文化遗产，需要培养更多具有专业知识和技能的人才。政府可以通过设立专业课程、提供培训和实践机会等方式来培养这些人才。例如，可以开设文化遗产保护和管理等相关专业，为学生提供系统的知识和技能培训。政府还可以鼓励高校与企业合作，为学生提供更多的实习和就业机会，帮助他们在实践中不断提高自己的能力。

政府还可以通过各种渠道宣传非物质文化遗产的重要性，提高公众对非物质文化遗产保护和传承工作的认识和支持。例如，可以举办各种展览、演出和讲座等活动，让更多的人了解非物质文化遗产的魅力。此外，政府还可以加大对非物质文化遗产保护和传承工作的投入，为相关机构和人员提供必要的支持和保障。

4.提高公众认知度

通过广泛宣传和教育，可以提高公众对大运河非物质文化遗产的认识和重视程度，从而激发社会各界参与保护和传承工作的积极性。为了实现这一目标，采取多种方式来向公众普及非物质文化遗产的知识，增强他们的文化自信和认同感。

举办展览是一种有效的方式。通过展示大运河非物质文化遗产的丰富内涵和独特魅力，观众可以亲身感受到这些文化遗产的历史价值和文化意义。展览可以包括实物展示、图片展示、视频播放等形式，以多角度、多层次地呈现非物质文化遗产的魅力。同时可以邀请专家学者进行解说，为观众提供更深入的解读。

演出是另一种重要的宣传方式。通过精彩的表演，可以将大运河非物质文化遗产的艺术形式和精神内涵传递给观众。演出可以包括传统音乐、舞蹈、戏曲等多种形式，以展现非物质文化遗产的独特魅力和艺术价值。可以邀请知名艺术家和表演团体参与演出，提升演出的质量和影响力。

讲座也是一种有效的宣传方式。通过邀请专家学者举办讲座，可以向公众传授关于大运河非物质文化遗产的知识和研究成果。讲座可以涵盖非物质文化遗产的历史渊源、传承方式、保护措施等方面的内容，帮助公众更全面地认识和了解这些文化遗产的重要性。同时可以鼓励公众提问和互动，促进知识的交流和共享。

5.促进可持续发展

将非物质文化遗产的保护与传承融入地方经济发展和社会建设之中，是推动可持续发展的重要举措，也是实现非物质文化遗产活态传承的有效途径。为了实现这一目标，政府可以采取一系列措施来鼓励企业和社会组织开展相关的文化创意产业项目。

政府可以制定相关政策和法规，为非物质文化遗产的保护与传承提供法律保障。这些政策和法规可以包括对非物质文化遗产的认定、保护和管理等方面的规定，以确保其得到有效的保护和传承。政府可以设立专门的基金或资金，用于支持非物质文化遗产的保护与传承工作。这些基金或资金可以用于资助相关项目的开展,如培训非遗传承人、修复传统建筑、举办文化活动等,以促进非物质文化遗产的传承和发展。政府还可以鼓励企业和社会组织开展相关的文化创意产业项目。这些项目可以将非物质文化遗产与旅游、手工艺等产业相结合,通过创新设计、产品开发等方式,将传统文化元素融入现代生活中,实现经济效益和文化价值的双赢。例如,可以开发以非物质文化遗产为主题的旅游线路,吸引游客前来参观和体验;可以开设非遗手工艺品的制作工坊,让更多人了解和学习传统技艺。

6.加强国际合作与交流

积极参与国际非物质文化遗产保护领域的合作与交流活动,学习借鉴先进经验和技术,推动中国大运河非物质文化遗产保护和传承工作的创新发展。为了实现这一目标,可以通过举办国际研讨会、文化交流活动等方式,加强与其他国家的合作,共同推动非物质文化遗产的保护和传承工作。

举办国际研讨会是一种有效的方式。通过邀请国内外专家学者、文化遗产保护机构代表等参与,可以就非物质文化遗产保护的理论、方法、案例等进行深入研讨和交流。这样的研讨会可以为各国搭建一个平台,促进经验的分享和互相学习。还可以邀请国际组织、非政府组织等参与,共同探讨如何更好地保护和传承非物质文化遗产。

文化交流活动也是加强国际合作的重要途径。通过举办文化展览、演出、艺术节等活动,可以向国际社会展示中国大运河非物质文化遗产的独特魅力和价值。同时可以邀请其他国家的非物质文化遗产项目来华展示,增进彼此的了解和友谊。这样的文化交流活动不仅可以促进非物质文化遗产的保护和传承,还可以推动不同文化之间的对话和融合。

加强与其他国家的合作还可以通过签署合作协议、建立联合研究机制等方式实现。通过与其他国家的文化部门、文化遗产保护机构等建立合作关系,可以共同制定保护和传承非物质文化遗产的计划和策略。还可以开展联合研究项目,共同探索非物质文化遗产保护的新方法和新技术。这样的合作机制可以为各国提供更广阔的合作空间,推动非物质文化遗产保护工作的创新发展。

总之，积极参与国际非物质文化遗产保护领域的合作与交流活动，学习借鉴先进经验和技术，是中国大运河非物质文化遗产保护和传承工作的重要举措。通过举办国际研讨会、文化交流活动等方式，加强与其他国家的合作，共同推动非物质文化遗产的保护和传承工作，可以实现文化的多样性和可持续发展的目标。

7. 建立公众参与平台

通过建立公众参与平台，可以鼓励社会各界力量积极参与到大运河非物质文化遗产的保护和传承工作中来。政府应该积极倾听公众的意见和建议，不断完善相关政策和措施，以确保非物质文化遗产得到有效的保护和传承。

为了实现这一目标，可以采取多种方式来激发公众的参与热情。开展志愿者活动，吸引更多的人参与到非物质文化遗产的保护工作中来。志愿者可以通过参观、学习和宣传等方式，了解和传承大运河非物质文化遗产的独特价值和历史意义。可以参与到具体的保护项目中，如修复古建筑、整理文献资料等，为非物质文化遗产的保护贡献自己的力量。

可以征集民间故事，让公众成为非物质文化遗产保护的参与者和推动者。民间故事是非物质文化遗产的重要组成部分，承载着丰富的历史和文化内涵。政府可以组织征集活动，鼓励公众分享自己家族或社区中的民间故事，将这些宝贵的文化遗产记录下来并传承下去。政府还可以通过举办讲座、展览等活动，将民间故事与公众分享，增强公众对非物质文化遗产的理解和认知。

8. 发挥地方高校的作用

地方高校作为人才培养的重要基地，应积极参与到非物质文化遗产的保护和传承工作中来。通过设立相关课程、开展研究项目、建立实践基地等方式，培养更多的专业人才，为非物质文化遗产的保护和传承提供智力支持。高校还可以与地方政府、社会组织等合作，共同推动非物质文化遗产的保护工作。

地方高校可以设立相关的课程，将非物质文化遗产纳入教学内容。通过开设相关专业或选修课程，学生可以系统地学习非物质文化遗产的历史、特点、保护方法等方面的知识。这样的课程设置不仅能够提高学生对非物质文化遗产的认识和理解，还能够培养他们的专业素养和保护意识。

地方高校可以积极开展研究项目，深入探索非物质文化遗产的保护和传承问题。通过组织专家学者进行深入研究，可以提出更加科学有效的保护策略和方法。高校还可以与相关机构合作，共同开展研究项目，加强学术交流和合作，提高研究成果的质量和影响力。

地方高校还可以建立实践基地，为学生提供实践机会和平台。通过与非物质文化遗产相关的企事业单位、社区组织等合作，建立实践基地，学生可以亲身参与到非物质文化遗产的保护和传承工作中去。在实践中，学生可以将所学知识应用到实际工作中，提高自己的实践能力和综合素质。

地方高校还可以与地方政府、社会组织等合作，共同推动非物质文化遗产的保护工作。通过与政府合作，高校可以参与制定相关政策和规划，为非物质文化遗产的保护提供智力支持。同时，高校还可以与社会组织合作，共同开展宣传推广活动，提高公众对非物质文化遗产的关注和认知度。

总之，地方高校在非物质文化遗产的保护和传承工作中发挥着重要的作用。通过设立相关课程、开展研究项目、建立实践基地等方式，高校可以培养更多的专业人才，为非物质文化遗产的保护和传承提供智力支持。高校还可以与地方政府、社会组织等合作，共同推动非物质文化遗产的保护工作。这样的合作将为非物质文化遗产的保护和传承注入新的活力和动力。

9. 引导社会资本投入

政府可以通过多种方式来鼓励社会资本投入大运河非物质文化遗产的保护和传承工作中。政府可以制定相关政策，通过引导和激励措施，吸引社会资本参与到这一领域。例如，政府可以提供税收优惠、减免费用等政策支持，降低企业和个人参与保护和传承工作的负担，从而增加他们的积极性。政府可以设立专项资金，用于支持非物质文化遗产的保护和传承工作。这些资金可以用于修复和保护相关的文化遗产，开展研究和教育项目，以及培训专业人才等方面。通过提供资金支持，政府可以为社会资本提供更多的机会和条件，使他们能够更好地参与到保护和传承工作中来。政府还可以鼓励企业和社会组织开展相关的文化创意产业项目。这些项目可以将非物质文化遗产与现代经济相结合，创造出具有市场竞争力的文化产品和服务。政府可以提供创业扶持、市场推广等方面的支持，帮助这些企业和组织实现经济效益和文化价值的双赢。

通过以上措施，政府可以发挥市场机制的作用，促进非物质文化遗产的保护和传承工作向更高水平发展。社会资本的参与将为保护和传承工作注入新的活力和动力，推动非物质文化遗产的传承和发展。也有助于提升文化产业的竞争力，促进经济的可持续发展。政府应该积极采取措施，鼓励社会资本参与到大运河非物质文化遗产的保护和传承工作中来。

10. 加强国际传播

通过加强国际传播合作，可以让更多的人了解中国大运河非物质文化遗产的价值和魅力。为了提高中国大运河非物质文化遗产在国际上的知名度和影响力，可以采取多种方式，如举办展览、演出和文化交流活动等。

举办展览是一种有效的方式。邀请国内外的专家和学者参与，展示中国大运河非物质文化遗产的历史、文化和艺术价值。通过展览，人们可以亲身感受到这些遗产的独特之处，增加对它们的认知和兴趣。演出也是吸引国际观众的重要手段。组织中国传统音乐、舞蹈和戏剧等表演，以展示中国大运河非物质文化遗产的魅力。这些演出可以在国内外的剧院、音乐厅和文化中心等地进行，吸引更多的观众前来欣赏和了解。文化交流活动也是促进国际传播的重要途径。邀请国际友人来中国参观大运河沿线的城市和景点，与当地居民互动交流，了解他们的生活方式和文化传统。派遣中国的艺术家和文化代表到国外进行访问和演出，向世界展示中国大运河非物质文化遗产的独特魅力。

政府还可以加强与国际媒体的合作，通过各种渠道向世界展示中国大运河非物质文化遗产的独特魅力。政府可以与国际媒体签订合作协议，共同开展宣传推广活动。通过在电视、广播、报纸和互联网等媒体上发布相关报道和专题节目，让更多的人了解中国大运河非物质文化遗产的重要性和价值。

总之，通过加强国际传播合作，让更多的人了解中国大运河非物质文化遗产的价值和魅力。通过举办展览、演出、文化交流活动以及与国际媒体的合作，提高中国大运河非物质文化遗产在国际上的知名度和影响力，让更多的人认识和喜爱这一宝贵的文化遗产。

第八章

中国大运河旅游文化的深度开发

中国大运河——这条历经千年的南北水路,见证了中国历史的变迁,也承载着丰富的文化内涵。随着旅游业的繁荣发展,大运河以其独特的自然风光和深厚的文化底蕴,逐渐成为国内外游客喜爱的旅游胜地。然而,如何深度开发大运河的旅游文化资源,进一步提升其旅游吸引力,已成为我们面临的重要课题。

一、中国大运河旅游文化资源

大运河旅游文化资源涵盖了运河沿岸的自然风光、历史遗迹、民俗文化等多个方面,这些资源不仅具有极高的历史和文化价值,也为旅游业的发展提供了广阔的空间。

(一)自然旅游资源

中国大运河的自然旅游资源主要包括运河两岸的自然景观和生态环境。这条历史悠久的运河穿越南北,沿途风光秀美,拥有独特的自然风光和生态环境。在运河沿岸,游客可以欣赏到各种令人惊叹的自然景观,如绵延的山水田园、湖泊湿地等。这些自然景观不仅具有极高的观赏价值,也为游客提供了亲近自然、体验自然的良好机会,所以可以详细介绍运河周边的湖泊以及山脉等自然风光。

大运河沿岸有许多美丽的湖泊，其中一些著名的湖泊包括山东的微山湖、江苏的太湖、浙江的西湖等。这些湖泊与大运河交相辉映，形成了独特的湖泊风光。游客可以乘船游览这些湖泊，欣赏到湖水清澈、鱼翔浅底的景象，还可以看到湖岸边的芦苇荡、荷花淀等自然景观。

微山湖位于山东省南部，是中国最大的淡水湖之一。以其壮丽的湖光山色和丰富的自然资源而闻名。在微山湖上乘船游览，游客可以欣赏到湖水碧绿如玉、周围群山环绕的美景。湖中还有许多岛屿，如著名的微山岛，岛上有古老的寺庙和庙宇，给人一种宁静祥和的感觉。

太湖位于江苏省中部，是中国第三大淡水湖。太湖以其广阔的湖面和独特的水乡风情而著名。在太湖上乘船游览，游客可以欣赏到湖水波光粼粼，周围的小岛和渔村点缀其间的美景。太湖还是一个重要的渔业基地，游客可以看到渔民们在湖上忙碌的身影，感受浓厚的水乡文化氛围。

西湖位于浙江省杭州市中心，是中国著名的湖泊之一。西湖以其秀丽的自然风光和悠久的历史文化而闻名于世。在西湖上乘船游览，游客可以欣赏到湖水碧波荡漾，周围的山峦和古建筑倒映在水中的美景。西湖还有许多著名的景点，如断桥、雷峰塔等，游客可以在船上欣赏到这些古老建筑的独特魅力。

大运河沿岸的山脉资源十分丰富，无论是北方还是南方，都有许多令人叹为观止的山峰。

在北方，山东的泰山和沂蒙山是最为著名的两座山脉。泰山作为中国五岳之一，以其雄伟壮丽的景色和悠久的历史而闻名于世。登上泰山的顶峰，可以俯瞰整个山脉的壮丽景色，感受大自然的力量。而沂蒙山则以其秀丽的山水和丰富的文化底蕴吸引着众多游客。在这里，游客可以漫步在山间小道上，欣赏到重峦叠嶂、云雾缭绕的美景，仿佛置身于仙境之中。

在南方，江苏的灵岩山和浙江的天目山也是备受游客喜爱的山脉。灵岩山以其险峻的山峰和奇特的岩石景观而著名。登上灵岩山，可以俯瞰周围的山川河流，感受到大自然的神奇和壮美。而天目山则是一座以佛教文化为主题的山脉，拥有众多的古刹和名寺。在这里，游客可以参观古老的寺庙，感受到佛教文化的深厚底蕴，同时欣赏山间的宁静和祥和。

这些山脉不仅拥有秀美的风光，还承载着丰富的历史文化底蕴。在这些山脉中，游客可以领略到中国古代文化的瑰宝，感受到历史的厚重和文化的博大精深。无论是泰山、沂蒙山、灵岩山还是天目山，都有着独特的历史故事和文化传承，让人流连忘返。

大运河沿岸的山脉资源丰富多样，无论是北方还是南方，都有着令人惊叹的自然景观和深厚的历史文化。游客可以在这些山脉中漫步，领略到大自然的壮丽和人文的魅力，感受到山水之间的和谐与美丽。无论是追求自然风光还是探索历史文化，这些山脉都能满足游客的需求。

大运河沿岸的湿地资源非常宝贵，这些湿地是大自然赐予我们的珍贵财富。在这些湿地中，生长着各种珍稀植物和动物，它们构成了一个独特的生态系统。例如，江苏的洪泽湖湿地和浙江的西溪湿地都是著名的湿地保护区，吸引了众多游客前来观光游览。

在湿地中漫步或者乘船游览，可以欣赏到湿地的自然美景。湿地的水域广阔，水草丰茂，芦苇丛生，给人一种宁静和舒适的感觉。在这里，你可以看到各种各样的鸟类在湿地上空翱翔，它们的歌声回荡在空气中，让人心旷神怡。此外，湿地还是许多鱼类和昆虫的栖息地，它们在这里繁衍生息，为整个生态系统提供了重要的支持。

除了欣赏自然美景，湿地还具有重要的生态功能和保护价值。湿地是水源的重要补给地，它们能够吸收和净化水质，保持水体的稳定性。湿地还能够调节气候，减少洪水的发生，保护周边地区的生态环境。湿地还是许多候鸟的迁徙站和繁殖地，对于保护鸟类多样性具有重要意义。

（二）人文旅游资源

中国大运河作为世界上最长的人工河，拥有丰富的人文旅游资源。这条古老的运河横跨了多个地域，涵盖了吴越文化、齐鲁文化、燕赵文化、中原文化和淮扬文化等多个地域文化。这些文化在大运河沿岸留下了独特的痕迹和遗产，为游客提供了深入了解中国历史文化的机会。

吴越文化区是一个以苏州和杭州为中心的地区，涵盖了上海、湖州等城市。这个地区是大运河的重要河段之一，因此拥有浓郁的水乡风情和园林文化。

在吴越文化区，游客可以参观苏州的拙政园、留园等古典园林，这些园林以其精致的设计和典雅的氛围而闻名。拙政园是中国古代园林艺术的代表之一，被誉为"东方花园之冠"。以其独特的布局和精美的景观吸引了无数游客。留园则是另一个著名的古典园林，以其精美的建筑和精心修剪的花卉而闻名。在这里，游客可以漫步于曲径通幽的小路，欣赏到精美的假山、清澈的池塘和绿树成荫的景色。

除了古典园林，吴越文化区还有许多其他值得一游的地方。例如，游客可以参观杭州的西湖，它是中国最著名的湖泊之一。西湖以其美丽的自然风光和悠久的历史而闻名于世。游客可以乘船游览湖上的岛屿，欣赏到湖水与山峦相映成趣的美景。杭州还有许多古老的寺庙，如灵隐寺和岳王庙，这些地方展示了吴越文化的深厚底蕴。

吴越文化区的美食也是吸引游客的重要因素之一。这里有许多传统的吴越菜肴，如东坡肉、龙井虾仁和西湖醋鱼等。这些菜肴以其独特的口味和精致的制作工艺而受到广大食客的喜爱。吴越文化区还有许多传统的茶楼和茶馆，游客可以在这里品尝到正宗的龙井茶和其他名优茶叶。

吴越文化区是一个充满魅力和历史底蕴的地区。无论是欣赏古典园林的美丽景色，还是品尝当地的美食和茶文化，都能让游客领略到吴越文化的精致和典雅。无论是对历史文化感兴趣的人，还是喜欢自然风光的人，都能在吴越文化区找到自己的乐趣。

齐鲁文化区是一个以济南和青岛为中心的地区，涵盖了泰山、曲阜等城市。这个地区是儒家文化的发源地，拥有悠久的历史和丰富的文化遗产。

在齐鲁文化区，游客可以参观许多著名的名胜古迹，如孔庙和泰山。孔庙是孔子的庙宇，也是儒家文化的象征之一。在这里，游客可以了解孔子的思想和儒家文化的核心价值观。孔庙内有许多古老的建筑和文物，展示了中国古代文化的瑰宝。除了孔庙，泰山也是齐鲁文化区的一大亮点。作为中国五岳之一，泰山以其壮丽的自然景观和深厚的文化底蕴而闻名于世。登上泰山的山顶，游客可以俯瞰整个山脉的壮丽景色，感受到大自然的壮丽。泰山也是中国古代文化的重要象征之一，许多文人墨客都曾登临泰山，留下了许多脍炙人口的诗篇和故事。

齐鲁文化区的文化遗产丰富多样，包括古代建筑、传统艺术、民俗风情等。游客可以欣赏到精美的古代建筑，如曲阜的孔府和孔林，这些建筑展示了中国古代建筑的独特魅力。此外，齐鲁文化区还有许多传统艺术形式，如京剧、山东快书等，这些艺术形式传承了数百年的历史，展现了中国传统文化的魅力。

齐鲁文化区是一个充满历史和文化的地方，游客可以在这里领略到儒家文化的厚重和博大。无论是参观孔庙还是登临泰山，都能让人感受到中国古代文化的魅力和智慧。

燕赵文化区是一个以北京和天津为中心的地区，涵盖了保定、张家口等城市。这个地区是古代燕赵地区的文化中心，拥有丰富的皇家文化和长城文化。游客可以在这里参观故宫、长城等著名的历史遗迹，感受到燕赵文化的雄浑和家国情怀。

故宫是中国古代宫殿建筑的典范，也是世界上最大的古代宫殿建筑群之一。位于北京市中心，是明清两代的皇宫，曾经是皇帝的居所和国家的政治中心。故宫的建筑风格独特，宏伟壮丽，内部陈设丰富多样，展示了中国古代宫廷文化的瑰宝。游客可以在故宫中欣赏精美的宫殿、庭院和珍贵的文物，感受皇家权力的庄严和辉煌。

长城是中国最著名的古代建筑之一，也是世界文化遗产。它起源于战国时期，经过多次修建和扩建，成为一道横跨中国北方的巨大防线。长城的建造历时数百年，跨越了多个省份，其中燕赵地区的长城段尤为壮观。游客可以在长城上徒步，或在空中乘坐缆车，欣赏壮丽的山景和雄伟的城墙，感受中国古代军事防御工程的伟大和古代人的智慧。

除了故宫和长城，燕赵文化区还有许多其他的历史遗迹和文化景点值得一游。例如，承德避暑山庄是清代皇家避暑胜地，被誉为"东方花园"。这里有精美的园林、湖泊和宫殿，游客可以在这里漫步欣赏美景，感受皇家生活的奢华和宁静。此外，保定市还有白洋淀、野三坡等自然风景区，以及清西陵、定州古城等历史文化遗址，都展示了燕赵地区的独特魅力。

燕赵文化区是一个充满历史和文化的地方，游客可以在这里领略古代燕赵地区的雄浑和家国情怀。无论是参观故宫、长城还是游览其他景点，都能让人沉浸在悠久的历史氛围中，感受中国古代文明的博大精深。

中原文化区位于中国的中心地带，以郑州和开封为两个重要的中心城市。这个区域还包括洛阳、安阳等历史悠久的城市，共同构成了中华文明的重要发源地之一。

中原地区拥有悠久的历史和丰富的文化遗产，这使得它成了吸引游客的热门目的地。在这里，游客可以参观许多著名的名胜古迹，如龙门石窟和嵩山少林寺。这些古迹不仅展示了中原文化的深厚底蕴，还展现了其多元性。龙门石窟是中国最著名的石窟艺术之一，分布在洛阳城南伊河入口处两岸的龙门山（西山）和香山（东山）。这里保存着大量的佛像和壁画，是中国古代佛教艺术的瑰宝。游客可以在这里欣赏精美的雕刻和绘画作品，感受佛教文化的庄严和宁静。嵩山少林寺则是中国武术的发源地之一，也是世界闻名的佛教寺庙。这座古老的寺庙坐落在嵩山脚下，以其独特的建筑风格和深厚的文化底蕴而闻名于世。游客可以在这里观看少林寺僧人精彩的武术表演，了解中国传统武术的魅力和精髓。

淮扬文化区是一个以扬州和淮安为中心的地区，涵盖了镇江、泰州等城市。这个地区是江淮地区的文化中心，拥有独特的运河文化和壮丽的山水风光。

在淮扬文化区，游客可以参观许多著名的名胜古迹，如瘦西湖和个园。瘦西湖是扬州的一大景点，以其优美的湖光山色而闻名。湖水清澈，四周环绕着青山绿树，景色如画。游客可以乘船游览湖上，欣赏湖水倒映中的美景，感受宁静与宜人的氛围。个园在江苏省扬州市区盐阜东路富春花园南面。相传初为清代名画家石涛寿芝园古址，后为盐商黄应泰所得。这座园林以其精致的设计和独特的建筑风格而著称。园内有精美的假山、曲径通幽的花园和古色古香的建筑，给人一种宁静和优雅的感觉。游客可以在园内漫步，欣赏精心修剪的花草树木，感受古老园林的魅力。除了瘦西湖和个园，淮扬文化区还有许多其他值得一游的地方。例如，扬州的大明寺是一座古老的佛教寺庙，建于南朝时期。寺庙内有许多古老的建筑和佛像，给人一种庄严肃穆的感觉。游客可以在这里感受佛教文化的深厚底蕴。淮扬文化区还有许多传统的手工艺品和美食。扬州的剪纸、刺绣和漆器工艺都有着悠久的历史和独特的风格。游客可以参观当地的手工艺品市场，购买精美的纪念品。而淮扬菜作为中国八大菜系之一，以其鲜美的味道和独特的烹饪技巧而闻名。游客可以品尝到正宗的淮扬菜，体验淮扬文化的独特魅力。

淮扬文化区是一个充满历史和文化氛围的地方。游客可以在这里欣赏美丽的自然风光，参观许多著名的名胜古迹，品尝正宗的淮扬菜，感受淮扬文化的独特魅力。无论是对历史文化感兴趣的人还是喜欢自然风光的人，都能在淮扬文化区找到自己的乐趣。

二、中国大运河旅游发展历程及帝王南征

运河旅游——这一古老的旅行方式在中国古代就已经存在。从文化和旅游的角度来看，无论是高高在上的帝王，还是身居文人雅士之列的人们，都曾在中国大运河沿线留下了数不胜数的游记佳作，以此来描绘运河的美丽景色和独特魅力。正是这些丰富的文献资料，使得今天能够准确地确定历史上运河的具体线路和走向。

古代的运河旅游最为人所知的，还是帝王们的南巡之旅。无论是隋炀帝下扬州欣赏琼花的美丽，还是康熙、乾隆皇帝多次下江南巡视，行程都是沿着大运河进行的。

清初著名学者和诗人朱彝尊的《鸳鸯湖棹歌》中，有"樯燕樯乌绕楫师，

树头树底挽船丝""西水驿前津鼓声，原田角角野鸡鸣"等优美的诗句，生动地展现了运河沿线的风光。这些诗句不仅描绘了运河的美景，也反映了当时人们的生活状态。

（一）中国大运河旅游发展的阶段

1.隋唐以后的探查、参与和发展

隋唐之后，大运河成为中国最重要的交通动脉之一。由于运河的航运，一些位于运河岸边的码头和城镇迅速发展并繁荣起来。许多帝王将相和士人选择沿着大运河巡游、游学或宦游。大运河旅游在隋唐时期具有政治性和采风性色彩，旅游者队伍主要限于帝王官员、缙绅文人等。例如，隋炀帝下扬州观赏琼花，白居易游览江南等地。据《全唐诗》的不完全统计，唐代诗人张若虚、杜甫、李白、白居易、高适、孟浩然、杜牧等都曾沿着隋唐大运河巡游祖国的壮丽河山，并留下了流传千古的佳作。

宋元时期，大运河南北贯通，旅游活动进一步发展。北宋的京师汴梁和南宋的京师杭州都位于运河边，因此宋代参加科举考试和做官的士子多曾乘船在运河上航行过。苏轼在大运河沿线的汴梁、徐州、扬州、常州、杭州都担任过官职，多次在运河上游览。王安石也在大运河入江口的瓜洲古渡创作了诗作《泊船瓜洲》，表达了他对故乡的思念之情。

明清时期，随着城镇商品经济的繁荣，大运河沿线旅游之风盛行。江南运河成为人间天堂，涌现出杭州、扬州、苏州、无锡等众多旅游重镇。除了皇帝的巡游，旅游者队伍中也出现了早期"大众旅游"的代表，虎丘、惠山、金山、平山堂等名胜地吸引了游客四时不断。这一时期，《姑苏繁华图》展现了中国早期的"城市游憩商业区（RBD）"和"黄金周"的色彩。

2.近代时期的大众旅游发展阶段

（1）快速崛起阶段（20世纪80年代—90年代初）

自20世纪80年代开始，随着中国改革开放和经济的快速发展，大运河旅游逐渐崭露头角。这一时期，许多运河沿线城市开始重视旅游业的发展，并利用大运河的独特资源开发了各种丰富多样的旅游产品。

大运河沿线的城市纷纷投资兴建了一系列的旅游景点和设施。这些景点包括古老的运河码头、历史悠久的古镇、壮丽的桥梁和水闸等。通过修复和保护这些历史遗迹，游客们可以亲身感受到大运河的悠久历史和独特魅力。为了满足不同游客的需求，运河沿线城市还开发了许多特色旅游项目。比如，游客可以选择乘坐传统的木船游览大运河，欣赏沿途的风景和古建筑；也可以选择参加水上运动，如划船、钓鱼等，体验水上乐趣；此外，还有一些特色的文化活动，如传统手工艺品制作、民俗表演等，让游客更好地了解当地的文化和传统。

随着大运河旅游的不断发展，游客数量逐年上升。这不仅为当地经济带来了巨大的收益，也为大运河的保护和发展提供了重要的支持。为了进一步推动大运河旅游的发展，相关部门也加大了对旅游基础设施的投资和建设力度，提升了旅游服务质量和水平。

（2）初步发展阶段（20世纪90年代初—90年代中期）

随着游客数量的不断增加，大运河旅游在20世纪90年代初进入了初步发展阶段。政府开始加大投入，加强了旅游基础设施的建设，并制定了一系列促进旅游业发展的政策。运河沿线城市积极开发旅游资源，推出了一系列大运河旅游线路和活动，满足了不同类型游客的需求。

在大运河旅游的发展过程中，政府发挥了重要的作用。由于意识到大运河作为中国历史文化的重要遗产，具有巨大的旅游潜力，政府开始加大对大运河旅游的投资力度，用于改善和扩大旅游基础设施。这包括修建道路、桥梁和码头，以方便游客的交通和出行。同时，政府还投资建设了酒店、餐厅和旅游景点等设施，为游客提供更好的服务和体验。

除了基础设施建设，政府还制定了一系列促进旅游业发展的政策。这些政策旨在吸引更多的游客来到大运河地区旅游，并提高旅游业的竞争力。政府鼓励企业和个人投资开发旅游项目，提供税收优惠和其他激励措施。此外，政府还加强了对旅游市场的监管，确保游客的安全和权益得到保障。

运河沿线城市也积极参与到大运河旅游的开发中来。认识到大运河作为一条历史悠久的航道，拥有丰富的文化和自然资源。这些城市纷纷开发旅游资源，推出了一系列的大运河旅游线路。这些线路覆盖了大运河沿线的各个城市，游客可以欣赏到不同的自然和文化景观。同时，运河沿线城市还举办了各种特色活动，如水上嘉年华、民俗表演和文化展览等，丰富了游客的旅游体验。

为了满足不同类型游客的需求，运河沿线城市还推出了多样化的大运河旅游产品。这些产品包括观光游、休闲度假、文化体验和探险冒险等。无论是喜欢欣赏美景的游客，还是追求刺激和冒险的游客，都能找到适合自己的旅游项目。这种多样化的旅游产品不仅吸引了国内游客，也吸引了越来越多的国际游客前来体验大运河的魅力。

（3）持续发展阶段（20世纪90年代中后期—21世纪初）

自20世纪90年代中后期开始，中国经济的持续发展和居民生活水平的提高为大运河旅游提供了广阔的发展空间。随着经济的快速增长和人民收入的增加，越来越多的人开始关注旅游休闲活动，而大运河作为中国历史文化的重要象征之一，成了人们向往的旅游目的地。

为了充分利用这一发展机遇，运河沿线城市纷纷加大了对旅游业的开发力度。他们不仅注重旅游设施的建设，如修建现代化的酒店、餐厅和交通设施，还加强了对运河文化遗产的保护和传承。通过修复古老的运河建筑、保护历史文物和举办文化活动，这些城市努力将大运河的历史和文化价值传递给游客，让他们在游览的同时感受到浓厚的历史氛围。

与此同时，大运河旅游也逐渐与其他形式的旅游活动相结合，形成了多元化的旅游产品体系。文化旅游成了一个重要的发展方向。游客可以通过参观博物馆、古迹和文化遗址，了解大运河的历史渊源和文化内涵。生态旅游也得到了重视，运河沿线的城市积极开展生态保护和环境治理工作，打造了一系列美丽的自然景观，吸引了大量的游客前来观赏和体验。

（4）创新提升阶段（21世纪初至今）

进入21世纪以后，大运河旅游在持续发展的基础上开始了创新和提升。政府和相关部门更加重视运河文化的挖掘和传承，通过各种方式推广运河文化，提高了游客对大运河历史和文化的认识和了解。同时，大运河旅游也逐渐与现代科技相结合，利用数字技术、互联网等手段提升旅游体验和服务质量。许多运河沿线城市还加强了与国际旅游市场的合作与交流，推动了大运河旅游的国际化发展。

随着科技的不断进步，大运河旅游也在不断地创新和发展。例如，一些城市已经开始使用虚拟现实技术来展示大运河的历史和文化，让游客能够更加直观地感受到大运河的魅力。此外，一些城市还推出了智能导览系统，为游客提供更加便捷、个性化的旅游服务。通过以上阶段的梳理，我们可以看到大运河旅游在近代时期逐渐崛起并持续发展的过程。各个阶段的特点和发展重点有所不同，但总体上呈现出一个逐步上升的趋势。如今，大运河旅游已经成为中国旅游业的重要组成部分，为促进经济增长、传承文化遗产以及提升人民生活品质作出了积极贡献。

通过以上梳理，可以看到大运河旅游从近代时期逐渐崛起并持续发展至今的过程。各个阶段的特点和发展重点有所不同，但总体上呈现出一个逐步上升的趋势。在近代初期，大运河旅游还处于起步阶段。当时，由于交通不便和经济发展水平的限制，大运河的旅游资源并未得到充分的开发和利用。随着社会的进步和经济的发展，人们对于旅游的需求逐渐增加，大运河作为中国历史文化的重要遗产，开始引起人们的关注。随着时间的推移，大运河旅游逐渐进入了快速发展的阶段。政府加大了对大运河的保护和修复力度，投入了大量的资金和人力资源。相关的旅游设施和服务也得到了极大的改善和完善。游客们可以乘坐游船沿着大运河游览，欣赏沿岸的美景和古建筑，感受浓厚的历史氛围。此外，各种文化活动和节庆活动也纷纷在大运河沿岸举办，吸引了大量的游客前来参观和体验。如今，大运河旅游已经成为中国旅游业的重要组成部分。不仅为促进经济增长作出了积极贡献，也为传承文化遗产和提升人民生活品质发挥了重要作用。大运河旅游的发展带动了周边地区的经济繁荣，创造了大量的就业机会，提高了当地居民的收入水平。大运河旅游也成了文化交流和传承的重要平台，吸引了来自世界各地的游客前来参观和学习。

（二）帝王南巡

1. 隋炀帝的南巡

隋炀帝的南巡是中国古代历史上一件具有重要意义的事件。在隋朝时期，南方地区的重要性逐渐提升，成为全国经济文化的重要区域。隋炀帝作为一位具有雄心壮志的皇帝，希望通过南巡来巩固自己的统治地位，同时加强对南方地区的控制和管理。

南巡的目的主要包括政治和经济两个方面。首先，从政治角度来看，隋炀帝希望通过南巡来展示自己的权威和地位，同时了解南方的政治、经济和文化情况，加强对南方地区的掌控。他希望通过亲自巡视南方，向南方人民展示自己的统治能力和对南方的重视，以巩固自己的统治地位。其次，从经济角度来看，隋炀帝希望通过南巡来推动南方的经济发展，加强对南方资源的开发和利用，为自己的统治提供更多的财富和资源支持。他希望通过南巡来促进南方地区的商业繁荣和农业发展，为隋朝的经济繁荣作出贡献。

当时南巡的场景非常壮观。隋炀帝率领着庞大的船队和随从人员，包括官员、士兵、宫廷艺人等，从洛阳出发，沿着大运河南下，先后到达了江都、扬州、苏州等地。在南巡过程中，隋炀帝还命人建造了大量的船只和建筑，如龙舟、官船、桥梁等，展示了隋朝的繁荣和奢华。这些船只和建筑不仅体现了隋朝的工程技术水平，也彰显了隋朝的国力和威严。同时，南巡期间还举办了盛大的宴会和各种娱乐活动，如音乐、舞蹈、戏曲等，展示了隋朝文化的丰富多彩。这些活动不仅丰富了南巡的内容，也促进了南方地区与北方地区的文化交流和融合。

隋炀帝的南巡不仅加强了隋朝对南方地区的掌控，也推动了南方的经济发展和文化交流。这段历史不仅展示了隋朝的繁荣和奢华，也反映了中国古代统治者对南方地区的重视和发展的决心。

2. 乾隆皇帝的南巡

清乾隆年间清高宗六次南下江南地区，是清代重要的政治和文化活动。

乾隆朝是中国历史上一个繁荣昌盛的时期，也是清代最为鼎盛的时期之一。随着南方地区的经济和文化发展，南方与北方的差异逐渐显现出来。为了更好地了解南方的经济、文化和军事情况，加强对南方地区的掌控和管理，乾隆帝决定效仿他的祖父康熙帝六次南巡，也进行了六次下江南巡视活动。

乾隆帝南巡有着多方面的目的。他希望通过南巡来了解南方的经济和文化情况，发现存在的问题和需要改进的地方，可以与南方官员和士人交流和沟通，了解他们的想法和建议，加强中央政府对南方地区的掌控和管理。江南地区以其美丽的山水风光和丰富的文化遗产而闻名于世，如苏州的园林、杭州的西湖等。乾隆帝对此非常向往。南巡也是他推行"教化"和"抚绥"政策的重要手段。通过南巡，可以向南方百姓展示自己的权威和地位，加强南方地区的政治稳定和社会秩序。还可以推行"教化"政策，推广儒家文化和道德规范，加强对南方的统治和管理。

乾隆下江南是一项庞大而复杂的活动，涉及众多的人员、物资和设施。每次南巡都需要大量的人员和物资准备，包括士兵、官员、宫廷艺人、工匠等。在南巡过程中，乾隆帝会巡视各地的军事和行政机构，了解当地的政治和经济情况，同时会游览一些名胜古迹和文化景点。

在南巡过程中，乾隆帝还兴建了许多行宫和名胜古迹。这些建筑和景点不仅展示了乾隆帝的奢华和权威，也为后世的旅游和文化传承留下了宝贵的遗产。例如，苏州的拙政园是乾隆帝在南巡期间修建的一座大型园林，以其精美的园林景观和丰富的文化内涵而闻名于世。

乾隆帝的南巡是清代重要的政治和文化事件，对中国的历史和文化产生了深远的影响。首先，通过南巡，乾隆帝了解了南方的经济和文化情况，加强了对南方地区的掌控和管理。这有助于促进南方的经济发展和文化传承，也为清代的繁荣和稳定作出了贡献。南巡展示了乾隆帝的权威和地位，加强了南方地区的政治稳定和社会秩序。其次，通过南巡，乾隆帝向南方人民展示了他的统治能力和对南方地区的重视，使南方人民更加臣服于他的统治。南巡也推动了南方的经济和文化发展。在南巡过程中，乾隆帝鼓励商业活动和文化交流，促进了南方地区的发展和繁荣。同时，兴建的行宫和名胜古迹也为后世的旅游和文化传承留下了宝贵的遗产。

三、中国大运河旅游资源保护在文化遗产保护中的作用

中国大运河旅游资源保护在文化遗产保护中发挥了重要的作用。大运河作为一项具有丰富历史、文化和艺术价值的文化遗产，不仅是我国重要的水利工程和旅游资源，也是中华文明的重要象征之一。

（一）保持文化遗产的完整性和真实性

中国大运河沿线保存了大量的历史古迹、传统建筑、民俗文化等文化遗产资源，这些资源具有极高的历史、文化和艺术价值，是中华民族的瑰宝。这些遗产资源不仅见证了中国历史的变迁，也承载了丰富的文化内涵和艺术价值，是全人类共同的财富。随着时间的推移和人为因素的影响，这些文化遗产面临着被破坏和消失的危险。通过旅游资源保护来保持这些资源的完整性和真实性具有重要意义。

旅游资源保护可以防止文化遗产被过度开发和破坏。在旅游开发过程中，一些不合理的建设和设施可能会对文化遗产造成不可逆的损害，如在古建筑上乱涂乱画、在景点内随意搭建商业设施等，不仅破坏了文化遗产的完整性和真实性，也影响了其历史和文化价值的传承。为了有效避免这些问题的发生，制定相应的保护措施和法律法规是至关重要的。例如，在江苏扬州湖，为了保护瘦西湖的古建筑和景观，当地政府采取了一系列保护措施，包括加强古建筑修缮和维护、限制商业设施的建设、规范游客行为等。这些措施有效地保护了瘦西湖的文化遗产，使其得以完整地传承下去。

旅游资源保护可以促进文化遗产的传承和发展。在旅游开发过程中，需要对文化遗产进行修缮和维护，这不仅可以保持其历史和文化的真实性，还可以使其得到更好的传承和发展。通过让游客认识和了解这些文化遗产，可以增强人们对文化遗产的保护意识。例如，在浙江杭州西湖风景名胜区，当地政府对雷峰塔、灵隐寺等文化遗产进行了修缮和维护，并通过开展文化活

动、展览等方式向游客展示其历史和文化内涵。这些措施不仅保持了文化遗产的完整性和真实性，也促进了文化的传承和发展。同时，这些文化活动还增强了游客对文化遗产的保护意识，为文化遗产的保护工作提供了更多的社会支持。

除了以上提到的防止破坏和促进传承发展，旅游资源保护还能带来其他积极的影响。例如，通过合理规划和开发旅游资源，可以促进地方经济的可持续发展。旅游业的发展可以带动相关产业的发展，如餐饮、住宿、交通、购物等，为当地居民提供更多的就业机会和收入来源。同时，旅游业的发展还能促进不同地区之间的文化交流与合作，增进不同地区之间的了解和友谊。例如，在京杭大运河沿岸的江苏扬州和浙江杭州等地，当地政府通过开发运河旅游资源吸引游客前来参观和旅游。这不仅带动了当地经济的发展和文化交流与合作，也促进了不同地区之间的了解和友谊。

（二）推动地方经济的发展

中国大运河沿线的旅游资源非常丰富，通过开发和保护这些资源，可以吸引更多的游客前来参观和旅游，从而带动地方经济的发展。

旅游资源的开发和保护可以促进当地就业的增长。以杭州为例，作为大运河的重要节点城市，杭州市积极推动大运河旅游资源的开发和保护。在旅游开发过程中，大量的基础设施和旅游设施得到了建设和完善，如酒店、餐厅、交通枢纽等。这些设施的建设不仅为当地居民提供了就业机会，还吸引了大量外来务工人员前来就业。同时，旅游业的发展也为当地居民提供了更多的创业机会，如开设民宿、经营特色小吃等。

旅游资源的开发和保护可以促进当地产业结构的优化。以苏州为例，苏州市在大运河沿线地区积极发展旅游业，将传统的工业产业向服务业转型。随着旅游业的蓬勃发展，苏州市的产业结构逐渐向第三产业倾斜，服务业的比重不断增加。这不仅促进了当地经济的发展，还提高了当地的经济效益和社会效益。同时，旅游业的发展也带动了相关产业的发展，如文化创意产业、手工艺品制作等，进一步推动了当地经济的多元化发展。

旅游资源的开发和保护可以提升当地的文化软实力。以扬州为例，扬州市在大运河沿线地区注重文化遗产的保护和传承，通过举办各类文化活动和展览，让游客认识和了解大运河这一重要的文化遗产。扬州市还积极开展文化交流活动，邀请国内外的文化名人和专家学者参与，提升当地的文化形象和文化软实力。通过这些努力，扬州市成功打造了"世界运河之都"的品牌形象，增强了当地的文化自信和文化竞争力。

中国大运河沿线的旅游资源开发和保护对于地方经济的发展具有重要意义。通过促进就业增长、优化产业结构和提升文化软实力，旅游业的发展将为当地带来更多的机遇和发展空间。各地应加大对旅游资源的开发和保护力度，充分发挥其潜力，推动地方经济的可持续发展。

（三）提高人们对文化遗产的认识和重视程度

通过旅游资源的开发和宣传，可以让更多的人认识和了解大运河这一重要的文化遗产。不仅可以提高人们对文化遗产的认识和重视程度，还可以增强人们对文化遗产的保护意识。

旅游资源的开发和宣传可以增强人们的文化自信。大运河作为中国古代最重要的水利工程之一，承载着丰富的历史文化内涵。通过认识和了解大运河的历史背景、建设过程以及其对中国古代社会经济发展的重要影响，人们可以认识到中华文明的伟大和历史价值。这种文化自信和文化认同感将激发人们对自己文化的热爱和保护意识，进而推动文化遗产的传承和发展。

旅游资源的开发和宣传可以促进人们积极参与文化遗产的保护工作。大运河作为一项重要的文化遗产，面临许多挑战，如环境破坏、城市化进程等。通过让人们认识和了解大运河的重要性和脆弱性，可以唤起人们对文化遗产保护的关注和参与。例如，一些地方政府和社会组织会组织志愿者活动，邀请公众参与到大运河的保护工作中来，如清理河道、修复古建筑等。这些积极的参与不仅有助于保护大运河的完整性和可持续性发展，还能够形成社会共同关注和共同参与的良好氛围，推动更多人加入文化遗产保护的行列中来。

以北京市的大运河文化旅游区为例。该区域位于北京市中心，作为中国大运河世界遗产的北端点，是大运河的重要组成部分。为了保护和开发大运河的旅游资源，北京市政府投入了大量资金进行基础设施建设和景观改造。同时，通过举办各种文化活动和展览，向游客介绍大运河的历史和文化内涵。这些举措不仅吸引了大量游客前来参观，也提高了人们对大运河的认识和重视程度。此外，北京市还鼓励市民参与到大运河的保护工作中来，组织了一系列的志愿者活动，如清理河道、植树造林等。这些活动的开展不仅增强了市民的文化自信和文化认同感，也促进了大运河的保护和可持续发展。

（四）促进文化交流和国际合作

中国大运河沿线涉及多个省份和地区，包括江苏、浙江、安徽、山东、河北和北京等。这些地区拥有丰富的文化遗产资源和旅游资源，通过旅游资源的开发和推广，可以促进不同地区的文化交流和合作。例如，在江苏扬州和浙江杭州等地，当地政府积极开发大运河沿线的旅游资源，推出了一系列文化活动和旅游产品，吸引了大量游客前来参观和旅游。这些活动包括传统手工艺体验、运河古镇游览等，让游客深入了解大运河的历史和文化内涵。

通过这些旅游资源的开发和推广，不同地区之间的文化交流和合作得到了加强。例如，扬州和杭州等地开展了文化交流活动，共同探讨大运河文化的保护和传承。此外，这些地区还与其他国家和地区开展国际合作和交流活动，共同推动大运河文化的传承和发展。例如，大运河遗产保护管理办公室与联合国教科文组织世界遗产中心合作，共同开展了大运河遗产保护和传承的国际合作项目。此外，中国还与多个国家和地区建立了大运河文化交流和合作机制，共同推动大运河文化的传承和发展。这些合作项目不仅有助于保护和传承大运河的文化遗产，还能够促进旅游业的发展和经济的繁荣。通过开展文化交流活动，不同地区的人们可以更好地了解彼此的文化传统和价值观，增进相互之间的理解和友谊。同时，国际合作也为大运河的保护和发展提供了更广阔的平台和机会。

在未来，可以进一步加强不同地区之间的文化交流和合作，共同推动大运河文化的传承和发展。可以通过举办更多的文化活动和展览，吸引更多的游客前来参观和学习。同时，可以加强与其他国家的合作，借鉴他们的经验和技术，共同探索大运河的保护和利用方式。

四、中国大运河水工文化遗产的旅游开发

中国大运河水工文化遗产的旅游开发是一项具有重要历史和文化价值的项目。大运河作为中国古代重要的水利工程，不仅具有极高的历史价值，也体现了中国人民在水利工程方面的智慧和技艺。因此，在旅游开发中，必须充分认识到这些文化遗产的价值，并采取科学合理的方法进行保护和利用。

（一）在旅游开发中，应该注重整体规划和合理布局

大运河沿线涉及多个省份和地区，不同地区的文化背景和特点各不相同。因此，为了实现旅游业的可持续发展，需要制定一份全面的旅游开发规划，明确各个地区的定位和特色，避免出现重复建设和资源浪费的情况。同时，应该注重大运河沿线各个地区的联动发展，促进不同地区之间的交流与合作，实现资源共享和优势互补。

（1）制定旅游开发规划

可以组织专家学者和相关部门制定一份全面的旅游开发规划，明确各个地区的定位和特色，以及旅游开发的具体内容和重点。例如，扬州和杭州等著名旅游城市，可以重点发展文化旅游和休闲旅游；河北沧州等运河沿线城市，可以重点发展运河文化旅游和生态旅游等。通过科学的规划，可以实现资源的合理利用和旅游业的协调发展。

（2）促进地区联动发展

加强沿线地区的合作与交流，共同打造大运河旅游品牌，实现资源共享和优势互补。例如：可以建立大运河旅游联盟，加强沿线地区的旅游合作和信息共享；组织跨地区的文化交流活动，促进不同地区之间的文化交流和理解。通

过联动发展，提高整个大运河沿线地区的旅游吸引力和竞争力。

（3）挖掘文化资源

深入挖掘大运河沿线地区的文化资源，包括历史建筑、文化遗产、传统手工艺等。例如：加强对古运河的保护和修缮工作，建设博物馆或文化遗产展览馆等，向游客展示大运河的历史和文化价值；通过挖掘文化资源，丰富旅游产品的内容，提升游客的体验感。

（4）推动产业融合

加强旅游与相关产业的融合发展，推动旅游业的转型升级。例如：结合大运河沿线地区的农业资源，发展农业旅游和生态旅游；结合当地的传统文化资源，发展文化创意产业和演艺产业等。通过产业融合，提升旅游业的附加值，促进经济的多元化发展。

（5）加强市场营销

加强大运河旅游的市场营销工作，提高其知名度和影响力。例如，可以制定有针对性的营销策略，通过广告、宣传片等方式向目标市场推广大运河旅游；加强与国内外知名旅游机构的合作与交流，吸引更多的游客前来参观和旅游。通过市场营销，提高大运河旅游的知名度和吸引力，促进旅游业的发展。

总之，大运河沿线地区的旅游开发需要注重整体规划和合理布局，挖掘文化资源并推动产业融合发展。同时加强市场营销工作来提高其知名度和影响力，促进沿线地区的联动发展和交流合作，实现资源共享和优势互补，为旅游业的发展注入新的动力。通过综合施策，实现大运河沿线地区旅游业的繁荣和发展，为当地经济和社会的可持续发展作出贡献。

（二）对于重点保护的建筑文物，应该采取原真性修复和活态化保护的措施

在中国大运河水工文化遗产的旅游开发中，原真性修复和活态化保护是重要的保护理念。原真性修复是指在修复文物时，必须保持其原貌和真实性，不得随意改变或添加元素，以确保文物的历史价值和文化内涵的完整性和真

实性。活态化保护则是指将文化遗产保护与当地居民的生活和发展相结合，促进文化遗产的传承和发展，使文化遗产与现代社会和文化环境相融合，具有生命力和活力。

例如，苏州市的水利工程遗产——山塘河水利枢纽。这个水利工程是大运河沿线的重要文化遗产之一，具有悠久的历史和重要的文化价值。为了保护和传承这个文化遗产，当地政府采取了原真性修复和活态化保护的措施。

（1）当地政府组织了专业的文物修复团队，对山塘河水利枢纽进行了全面的调查和研究，了解其历史和文化背景，以及需要修复的内容和重点。在修复过程中，文物修复团队采用了传统的工艺和材料，尽可能地保持了文物的原貌和真实性。为了使文化遗产与现代社会相融合，当地政府还鼓励当地居民参与文化遗产的保护和传承工作，使文化遗产与当地居民的生活和发展相结合。

（2）当地政府还采取了活态化保护措施，将山塘河水利枢纽纳入城市文化旅游线路，开发文化旅游产品，推广水利工程遗产的文化价值。为了使游客更好地了解山塘河水利枢纽的历史和文化内涵，当地政府还设置了讲解员和导游服务，为游客提供专业的讲解和导游服务。这些措施不仅促进了水利工程遗产的传承和发展，也提高了游客的文化素养和旅游体验。

经过原真性修复和活态化保护的措施，山塘河水利枢纽得到了有效的保护和传承。通过专业的修复和保护工作，文物的历史价值和文化内涵得到了完整的保存和传承；通过与当地居民的生活和发展相结合，文化遗产具有了生命力和活力；通过文化旅游的开发和推广，文化遗产得到了更好的传承和发展。同时，这些措施也提高了当地居民的文化自觉和文化认同感，促进了社区的文化发展和社会进步。

原真性修复和活态化保护是中国大运河水工文化遗产旅游开发中重要的保护理念和方法。通过这些措施的实施，可以有效地保护和传承文化遗产的真实性和完整性；通过与当地居民的生活和发展相结合，可以促进文化遗产的生命力和活力；通过文化旅游的开发和推广，可以促进文化遗产的传承和发展，也可以提高游客的文化素养和旅游体验。这些措施的实施需要专业的文物修复团队的支持和当地政府的引导和支持。只有这样才能实现文化遗产的有效保护和传承，为地方经济的发展和文化的交流与合作作出贡献。

（三）进一步丰富和完善大运河保护法等法律法规

通过制定更加严格的法律法规，加强对大运河文化遗产的保护和管理，同时借鉴发达国家和地区的经验，引入"遗产廊道"和"街区保护"等理念，可以采取多种手段对各类文物单位予以分类管理。

具体应用案例之一是在大运河沿岸的某个古镇上设立文物保护单位。这个古镇有着悠久的历史和丰富的文化遗产，包括古老的建筑、传统的工艺品和民俗文化等。当地政府采取了多项措施来保护和利用这些文化遗产。

（1）当地政府制定了更加严格的法律法规，明确了对古镇的保护范围和保护要求。任何对古镇内的文物单位进行破坏或改变的行为都将受到严厉的惩罚，以确保古镇的历史和文化价值得到完整的保存。这些法律法规不仅规定了具体的保护措施，还明确了责任主体和相应的处罚措施，为古镇的保护提供了法律保障。

（2）当地政府借鉴了发达国家和地区的经验，引入了"遗产廊道"和"街区保护"等理念。通过整体规划，政府将古镇内的重要文物单位连接起来，形成了一条具有历史文化价值的遗产廊道。这条遗产廊道不仅能够展示古镇的历史和文化，还能够吸引游客前来参观和旅游，促进当地经济的发展。同时，对于古镇内的街区要进行了保护和修缮，保持了传统的建筑风貌和格局。这些措施不仅保护了古镇的文化遗产，还提升了古镇的整体形象和吸引力。

（3）在分类管理方面，当地政府对不同类型的文化遗产采取了不同的保护和利用方式。对于古建筑类文化遗产，政府采取了修缮和维护的方式，恢复了其历史风貌。通过修复古建筑的破损部分，加固结构，以及进行适当的装饰和保养，使古建筑焕发出新的生机。对于非物质文化遗产，政府采取了传承和发扬的方式，组织了传统的民俗表演和文化活动。通过培训和教育，让更多的人了解和学习传统技艺和文化知识，使其得以传承和发展。

经过这些措施的实施，古镇的历史和文化价值得到了有效的保护和传承。古镇成了著名的旅游景点，吸引了大量的游客前来参观和旅游。游客们不仅可以欣赏到古镇的美丽风景，还可以了解古镇的历史文化背景，增加对古镇的认知。这些措施也促进了当地经济的发展和文化的交流与合作。古镇内的居民更加重视和珍惜自己的文化遗产，积极参与到保护和传承的工作中。他们通过参与各种文化活动和传统技艺的传承，不仅增强了自身的文化自信，还为古镇的发展作出了贡献。

（四）挖掘非遗文化资源，建设非遗文化馆等展示场馆

非遗文化馆的建立可以采取多种形式，其中一种是建立专门的非遗博物馆。这个博物馆可以集中展示大运河沿岸地区的非物质文化遗产，包括传统手工艺、民间音乐舞蹈和传统戏曲等。

在非遗博物馆中，游客可以通过展示的手工艺品了解各种传统技艺的制作过程和背后的文化故事。例如，可以展示大运河沿岸地区的陶瓷制作技艺，包括制坯、上釉、烧制等环节；还可以展示织布和刺绣等传统技艺，让游客了解这些手工艺品的历史和文化价值。

在民间音乐舞蹈方面，非遗博物馆可以通过展示表演和音乐器材等，让游客欣赏到精彩的音乐舞蹈表演。例如，可以展示大运河沿岸地区的传统舞蹈，如龙舞、狮舞等，以及当地的民间音乐和曲艺；通过讲解员或导游的讲解，让游客了解到这些音乐舞蹈的历史和文化内涵。

在传统戏曲方面，非遗博物馆可以通过展示戏曲表演服装、道具和乐器等，让游客了解戏曲的表演形式和艺术特点。例如，可以展示京剧、越剧、黄梅戏等多种类型的戏曲表演，以及相关的服饰、道具和乐器等；通过讲解员或导游的讲解，让游客感受到戏曲所传达的文化精神和历史信息。

除了非遗博物馆的形式，还可以通过其他方式展示大运河沿岸地区的非遗文化。例如，可以建立非遗文化村或文化街区，将非遗文化与当地的文化旅游相结合；可以组织非遗文化节庆活动或比赛，促进非遗文化的传承和发展；可以通过数字化技术将非遗文化进行保护和传承等。

建立非遗博物馆等展示场馆是保护和传承大运河沿岸地区非遗文化的重要措施之一。通过这些场馆的建立，可以让更多的人认识和了解非遗文化的

历史和文化价值；同时可以促进非遗文化的传承和发展，提高公众对非遗文化的认知度和保护意识。

（五）中国大运河水工文化遗产的旅游开发需要多方面的努力和配合

政府应该加大对大运河文化遗产保护和旅游开发的投入和支持，提供政策和资金的支持；专家学者应该加强对大运河文化遗产的研究和保护工作，提出科学合理的保护和开发方案；社会各界应该共同参与和支持大运河文化遗产的保护和传承工作，形成良好的社会氛围和文化环境。只有通过共同努力，才能实现大运河文化遗产的有效保护和传承，同时推动地方经济的发展和文化的交流与合作。

政府对大运河文化遗产保护和旅游开发的投入和支持是非常重要的。

政策支持方面，江苏省政府出台了《扬州市大运河文化遗产保护条例》，明确了政府对大运河文化遗产保护的职责和措施，为保护和传承大运河文化遗产提供了政策保障。这一条例的出台，为大运河沿线地区的文化遗产保护工作提供了明确的指导和依据。

资金支持方面，浙江省政府设立了大运河文化遗产保护专项资金，用于支持大运河沿线地区的文化遗产保护和旅游开发项目。政府还引导社会资本参与大运河文化遗产的保护和传承工作，形成了政府主导、社会参与的多元化投入机制。这种资金支持不仅有助于保护和修复大运河沿线的文化遗产，还能够推动旅游业的发展，促进地方经济的繁荣。

科研支持方面，中国文化遗产研究院牵头组织了大运河文化遗产保护科技论坛，邀请国内外专家学者共同探讨大运河文化遗产保护的科技手段和方法。该院还设立了大运河文化遗产保护研究中心，加强了对大运河文化遗产的研究和保护工作。这些科研支持的措施，为大运河文化遗产的保护和传承提供了科学的理论和技术支持。

社会参与方面，大运河沿线地区的社会团体、企业和个人积极参与大运河文化遗产的保护和传承工作。例如，苏州运河之友志愿者协会组织了多次运河文化之旅活动，引导公众走进大运河沿线地区，了解和关注大运河文化遗产。这种社会参与不仅能够增加公众对大运河文化遗产的理解和认知，还能够激发社会各界对文化遗产保护的热情和积极性。

在这些实际案例中，政府、专家学者和社会各界共同努力，形成了良好的社会氛围和文化环境，为大运河文化遗产的有效保护和传承提供了有力支撑。这些措施也促进了地方经济的发展和文化的交流与合作，为地方经济和文化的发展注入了新的动力。

总之，只有政府、专家学者和社会各界共同努力，才能实现大运河文化遗产的有效保护和传承。政府应加大对大运河文化遗产保护和旅游开发的投入和支持，提供政策和资金的支持；专家学者应加强对大运河文化遗产的研究和保护工作，提出科学合理的保护和开发方案；社会各界应共同参与和支持大运河文化遗产的保护和传承工作，形成良好的社会氛围和文化环境。只有通过共同努力，才能实现大运河文化遗产的有效保护和传承，同时推动地方经济的发展和文化的交流与合作。

五、中国大运河水域旅游区介绍

（一）京杭大运河杭州景区

京杭大运河杭州景区是一个集自然风光、历史文化和现代设施于一体的综合性旅游目的地。位于浙江省杭州市，依托着世界文化遗产大运河，向游客展示了一个充满历史底蕴和现代魅力的旅游胜地。

京杭大运河杭州景区涵盖了大运河沿线的多个历史文化遗产和现代旅游景点。其中最具代表性的是杭州京杭大运河博物馆。这座博物馆以大运河的历史、文化和民俗为主题，通过大量的珍贵文物和文献资料，向游客展示了运河文化的独特魅力。博物馆设施先进，采用了多种展示手段，让游客可以深入地了解大运河的历史和现实意义。

除了博物馆，京杭大运河杭州景区还设有多个文化景观和旅游设施。这些设施包括历史建筑、古镇、古桥等，每个景点都有其独特的文化内涵和特色。游客可以在这里感受到浓郁的历史氛围和传统文化气息，并深入了解大运河沿岸地区的民俗风情。

京杭大运河杭州景区还结合了现代科技，为游客提供多样化的旅游体验。例如，通过虚拟现实技术，游客可以身临其境地感受大运河的历史风貌；通过互动体验项目，游客可以更加深入地了解大运河的文化和历史。

京杭大运河杭州景区的成功开发不仅加强了对大运河文化遗产的保护和传承，也带动了当地经济的发展和文化的交流与合作。大量的游客来到这里参观游览，为当地带来了可观的旅游收入。通过旅游业的繁荣发展，也为当地居民提供了更多的就业机会和生活保障。

（二）聊城湖滨公园

聊城湖滨公园位于山东省聊城市中心城区，是一个以大运河为轴线，集文化、旅游、生态、休闲等多种功能于一体的综合性公园。公园内建设了多个文化景观和旅游设施，以充分展现运河文化的独特魅力。

其中颇具代表性的景点之一是运河古镇。这个景点以明清时期的建筑风格为特色，再现了运河沿岸古镇的风貌和历史氛围。游客可以在这里欣赏到传统建筑、古桥、古巷等元素，感受运河文化的深厚底蕴。古镇内部还设有多个博物馆和展览馆，展示了运河历史、文化、民俗等方面的丰富内容，使游客能更深入地了解运河文化的独特魅力。

除了运河古镇，聊城湖滨公园还建设了多个文化景观和旅游设施。例如，公园内有专门展示聊城地方文化的区域，包括当地传统手工艺、民俗文化等。游客可以参观当地的手工艺品制作过程，了解传统技艺的传承与发展。此外，公园内还有休闲广场、草坪、健身区等设施，以满足市民和游客的休闲需求。人们可以在广场上散步、跳舞，或者在草坪上野餐、放松身心。健身区则提供了各种健身器材，供人们锻炼身体。

聊城湖滨公园的建成不仅保护和传承了大运河文化遗产，也促进了当地旅游业的发展。大量游客来到这里参观游览，领略运河文化的独特魅力。他们可以乘坐游船沿着大运河游览，欣赏两岸的美景，感受运河的历史与文化。同时，公园的建设也提高了城市环境质量，为市民提供了良好的休闲场所。人们可以在公园中呼吸新鲜空气，享受大自然的美好。

聊城湖滨公园是一个集文化、旅游、生态、休闲于一体的综合性公园。它通过建设多个文化景观和旅游设施，展现了运河文化的独特魅力。无论是欣赏传统建筑、了解运河历史，还是参与各种休闲娱乐活动，都能在这里得到满足。公园的建成不仅保护了大运河文化遗产，也促进了当地旅游业的发展，更为市民提供了一个宜人的休闲场所。

（三）苏州大运河遗产保护与旅游综合体

苏州大运河遗产保护与旅游综合体位于江苏省苏州市，地处大运河文化带的核心区域，是一个集遗产保护、文化旅游、生态环保等功能于一体的综合性项目。

该综合体的核心是苏州大运河遗产展示馆。这座展示馆以大运河的历史、文化和民俗为主题，展示了大量珍贵的历史文物和文献资料。展示馆的内容丰富多样，包括大运河的开通、发展、变迁以及其对苏州乃至整个国家的历史和文化的重要影响。参观者可以通过展品、文献和多媒体展示等多种形式，深入了解大运河的历史和文化价值。除了展示馆，苏州大运河遗产保护与旅游综合体还设有多个文化景观和旅游设施。其中最具代表性的是一条复原了部分古运河风貌的旅游线路，游客可以乘船游览，领略古运河的美景。这条线路沿着大运河两岸延伸，沿途经过许多历史悠久的古镇和名胜古迹，让游客能够亲身感受到古代运河文化的魅力。此外，综合体内还包括文化街区、历史建筑、生态公园等元素，为游客提供了丰富的旅游体验。

苏州大运河遗产保护与旅游综合体的成功建设，不仅加强了对大运河文化遗产的保护和传承，也推动了当地旅游业的发展。大量游客来到这里参观游览，领略大运河的历史和文化魅力。该综合体也促进了当地经济的繁荣和发展，为当地居民提供了更多的就业机会和生活保障。

（四）北京通州大运河文化旅游景区

北京通州大运河文化旅游景区位于北京市通州区，是一个以大运河为核心，集历史文化遗产和现代旅游景点于一体的综合性旅游景区。

该景区涵盖了多个历史文化遗产和现代旅游景点，其中最具代表性的是通州大运河公园。这个公园以大运河的历史和文化为主题，展示了大量珍贵的历史文物和文献资料。游客可以在公园内参观多个博物馆和展览馆，通过丰富的展品和多媒体展示，了解大运河的历史渊源、文化内涵和现代价值。该景区还设有多个文化景观和旅游设施。其中最著名的是"运河三老"纪念馆，该馆是为了纪念为大运河申遗作出卓越贡献的"运河三老"（郑孝燮、罗哲文、朱炳仁）而建。馆内展示了三位先生的生平，以及他们为大运河申遗所作出的贡献。该景区还设有多个传统建筑、古桥、古码头等文化景观，以及休闲广场、游乐设施等现代旅游景点，为游客提供了多样化的旅游体验。游客可以在这里欣赏古老的建筑风格，感受浓厚的历史氛围，同时可以享受到现代化的休闲娱乐设施带来的愉悦。

北京通州大运河旅游景区的成功开发，不仅加强了对大运河历史文化遗产的保护和传承，也推动了当地旅游业的发展。大量游客来到这里参观游览，领略大运河的历史和文化魅力。该景区也促进了当地经济的繁荣和发展，为当地居民提供了更多的就业机会和生活保障。

（五）淮安大运河文化带建设

淮安大运河文化带（图8-1）位于江苏省淮安市，地处大运河文化带的重要区域，是一个致力于保护和传承大运河历史文化遗存的综合性项目。该项目的核心是淮安古城墙修复工程。这项工程旨在修复明清时期的城墙和城楼，以展现古代城市的防御体系和历史文化风貌。在修复过程中，采用了传统的建筑工艺和材料，尽可能地恢复城墙和城楼的原始风貌。修复后的城墙和城楼成了淮安古城的重要标志性建筑，为游客展示了古代城市的形象和历史文化魅力。除了古城墙修复工程，淮安大运河文化带还涵盖了多个文化景观和旅游设施的建设。其中最具代表性的是大运河博物馆。这个博物馆以大运河的历史、文化和民俗为主题，通过大量的文物和文献资料展示了运河文化的独特魅力。博物馆的设施先进，采用了多种展示手段，让游客深入了解大运河的历史和现实意义。

　　淮安大运河文化带建设还包括古建筑保护、历史街区修复、非物质文化遗产传承等多个方面的工作。这些工作旨在保护和传承大运河的历史文化遗产，为游客提供丰富的文化旅游体验。

图 8-1　淮安大运河文化带

　　淮安大运河文化带建设的成功实施，不仅加强了对大运河历史文化遗存的保护和传承，也推动了当地旅游业的发展。大量游客来到这里参观游览，领略大运河的历史和文化魅力。同时，该项目的实施也促进了当地经济的繁荣和发展，为当地居民提供了更多的就业机会和生活保障。

第九章

中国大运河文化在大运河国家
文化公园景观建设中的应用

大运河作为中国古代的一项重要工程，其深厚的文化底蕴和独特的历史价值，为公园景观设计提供了丰富的素材和灵感。大运河沿线的许多城市都充分利用了这一优势，将大运河的文化元素融入公园景观设计中，打造了一批具有独特魅力的园林景观。

一、大运河国家文化公园概述

（一）大运河国家文化公园的建设背景

大运河作为中国古代重要的水利工程，见证了中国古代社会的繁荣与发展。它不仅是一条沟通南北的水上通道，更是中华民族智慧与力量的象征。大运河的开凿与维护，体现了中国古代人民对水利工程的卓越掌控和对自然环境的深刻理解。随着时间的推移，大运河逐渐成为中华文明的重要组成部分，具有极高的历史和文化价值。它见证了古代社会的变迁，也承载了丰富的历史故事和文化内涵。大运河沿线的古镇、古桥、古建筑等文化遗产，都成了中华文明的瑰宝。

随着国家对文化遗产保护和传承的重视，大运河的保护和利用逐渐成为重要议题。为了加强对大运河文化遗产的保护、传承和利用，提升人民生活品质，促进文化旅游产业的发展，大运河国家文化公园应运而生。随着城市化的加速和工业化的发展，多处大运河沿线的文化遗产面临被破坏和遗失的风险。通过建设大运河国家文化公园，可以加强对这些文化遗产的保护和传承，避免历史的遗憾。大运河国家文化公园的建设也促进了文化旅游产业的发展。通过打造具有特色的文化旅游品牌，吸引更多游客前来参观和体验大运河的文化魅力，可以带动当地的经济发展和提高人民的生活水平。

大运河国家文化公园的建设是中国政府推进文化强国战略的重要举措之一。通过加强对大运河文化遗产的保护和利用，提升人民生活品质，促进经济社会协调发展，实现中华文明的传承和发展。在建设过程中，大运河国家文化公园注重保护和修复沿线的历史建筑和文化遗产。通过修复古桥、古建筑等，使其焕发新的生机，成为游客们感受古代文化的重要场所。公园还设置了丰富多样的文化活动，让游客们能够深入了解大运河的历史和文化内涵。大运河国家文化公园还注重推动当地经济的发展。通过开发旅游资源，吸引游客前来观光消费，带动了周边地区的商业繁荣。公园还鼓励当地居民参与文化旅游产业，为其提供就业机会，使其增加收入来源。

大运河国家文化公园的建设不仅是一项文化遗产保护工程，更是一次对中华文明的传承和发展的积极探索。通过保护和利用大运河的文化遗产，能够更好地了解和传承中华民族的优秀传统文化，为未来的文化旅游产业发展提供了新的机遇和动力。

（二）大运河国家文化公园的规划理念

大运河国家文化公园的规划理念非常明确，其核心是保护和传承大运河文化。大运河文化是中国古代文化的重要组成部分，具有极高的历史和文化价值。保护和传承大运河文化是大运河国家文化公园的首要任务。

为了实现这一目标，大运河国家文化公园的规划理念强调科学规划和合理布局。在公园的规划过程中，需要综合考虑自然环境、历史遗迹、文化景观等因素，制定合理的保护措施和开发方案。通过科学地规划和布局，可以最大限度地保护大运河文化遗产的完整性和原汁原味，为游客提供更好的参观体验。

大运河国家文化公园的规划理念也强调提升人民的生活品质。通过建设大运河国家文化公园，可以为公众提供更多的文化活动和休闲场所，丰富人民的精神文化生活，提高人民的生活质量。公园内可以设置各种文化展览馆、艺术表演场地、休闲娱乐设施等，让人们在欣赏大运河美景的同时，能够感受到丰富多彩的文化活动。

大运河国家文化公园的规划理念还注重生态环境保护。在公园的建设过程中，需要遵循生态可持续发展的原则，保护大运河沿线的生态环境，促进人与自然的和谐共生。公园内的植被、湿地等自然景观应该得到充分的保护和恢复，同时采取有效的措施防止环境污染和生态破坏。大运河国家文化公园的规划理念强调推动文化旅游融合发展，实现经济社会协调发展。通过打造具有特色的文化旅游品牌，吸引更多的游客前来参观和体验大运河的文化魅力，可以带动当地的经济发展和提高人民的生活水平。也需要注重文化遗产的保护和传承，避免过度商业化和破坏性开发。公园可以开展各种文化旅游活动，如文化节庆、民俗展示、手工艺品制作等，让游客更好地了解和体验大运河的文化内涵。

大运河国家文化公园的规划理念体现了对大运河文化遗产的保护和传承、对人民生活品质的关注、对生态环境保护的重视以及对文化旅游融合发展和经济社会协调发展的追求。通过科学规划和合理布局，实现大运河文化遗产的有效保护和合理利用，推动文化旅游融合发展，实现经济社会协调发展。这将使大运河国家文化公园成为一个集文化、旅游、休闲、生态保护于一体的综合性公园，为人们提供一个独特的文化和旅游融合时代发展的好去处。

（三）大运河国家文化公园的地理分布

大运河国家文化公园是一个庞大而多样化的文化遗址，共计10个河段，涵盖了京杭大运河、隋唐大运河和浙东运河三个重要的河段。这些河段穿越了北京、天津、河北、山东、河南、安徽、江苏、浙江八个省、直辖市，形成了一片文化内涵丰富的广泛地域。具体来说，大运河国家文化公园的南北走向部分以京杭大运河（图9-1）为主线，自北向南穿越了北京、天津、河北、山东、江苏和浙江六个省、直辖市。其中，北京的通州运河段、天津的北运河段、河北的沧州至德州段、江苏的徐州至苏州段以及浙江的杭州至宁波段等河段都是京杭大运河的重要组成部分。这些河段沿线保留了大量的历史遗迹和文化景观，如古代的河道、码头、桥梁、建筑等，以及许多与大运河相关的文化遗产。游客可以在这里感受到悠久的历史和独特的文化氛围。

图9-1　京杭大运河杭州段

大运河国家文化公园的东西走向部分以隋唐大运河和浙东运河为主线，自西向东穿越了河南、安徽和山东三个省。其中，河南的洛阳至开封段、安徽的淮北至芜湖段以及山东的济宁至枣庄段等河段都是隋唐大运河和浙东运河的重要部分。这些河段沿线的文化景观和历史遗迹十分丰富，如古代的河道、码头、桥梁等，以及许多与大运河相关的文化遗产。游客可以在这里领略到不同地区的风土人情和独特的历史文化。

大运河国家文化公园的地理分布广泛且丰富，涵盖了多个重要的河段和省市。这些河段和省市都具有独特的历史和文化背景，为大运河国家文化公园提供了广泛的地域覆盖和丰富的文化内涵。无论是沿着南北走向还是东西走向，游客都可以在这里感受到大运河的独特魅力和深厚的文化底蕴。

（四）大运河国家文化公园的文化价值

大运河国家文化公园作为中国古代文化的重要载体，其文化价值不仅仅体现在其地理位置和历史背景上，更在于其丰富的文化内涵和多层次的文化展示上。

大运河沿线的历史街区和古建筑等物质文化遗产是大运河国家文化公园的重要组成部分。这些街区和建筑见证了中国古代水利工程的发展历程，也承载了丰富的历史故事和文化内涵。从历史街区的角度来看，大运河沿线的古镇、古街、古巷等历史街区是大运河文化的重要载体，这些街区在历史上不仅是商业贸易的场所，也是文化交流的中心。在建筑方面，大运河沿线的古建筑见证了不同地域的文化交融，如会馆、庙宇、民居等建筑风格各异，具有极高的艺术和建筑价值。这些古建筑不仅展示了古代建筑工艺的精湛，还反映了当时社会的风貌和人们的生活习惯。

大运河国家文化公园还包含了丰富的非物质文化遗产。这些遗产包括河工号子、运河传统民俗、民间工艺等，它们反映了古代劳动人民的智慧和创造力。例如，大运河沿线的传统民俗活动和民间文艺表演，如舞狮、舞龙、花灯等，以及一些手工艺品制作技艺，如剪纸、刺绣等，都是大运河国家文化公园的非物质文化遗产。这些遗产不仅具有文化价值，还具有社会价值，它们可以促进社区凝聚力和文化认同感，有助于推动文化旅游产业的发展。通过保护和传承这些非物质文化遗产，可以让更多的人了解和体验中国古代文化的博大精深。

大运河国家文化公园还是展示中华文明的重要窗口。通过保护和利用大运河沿线的文化遗产，大运河国家文化公园成了展示中华文明的重要平台。在这里，游客可以深入了解中国古代水利工程的发展历程，领略不同地域的文化交融，感受中华文化的博大精深。同时，大运河国家文化公园也是促进中华文化传承和发展的重要场所。通过公园的建设和相关活动的开展，可以引导公众更好地认识和尊重大运河文化，从而推动中华文化的传承和发展。

未来，大运河国家文化公园将继续发挥其文化价值和社会功能：一方面，通过加强文化遗产的保护和利用，推动大运河文化的传承和创新；另一方面，通过促进文化旅游产业的发展和文化交流活动的开展，推动经济社会的协调发展。同时，随着人们对文化遗产保护意识的提高，公众将更加深入地认识和了解大运河文化，从而更好地传承和发展这份宝贵的文化遗产。

二、中国大运河文化在景观建设中的应用

大运河文化是中国重要的文化遗产，具有深厚的历史底蕴和丰富的文化内涵。在景观建设中，大运河文化的应用不仅有助于提升景观的文化价值，还可以传承和弘扬中华文化。

1. 大运河历史建筑在景观建设中的应用

大运河历史建筑是大运河文化的重要物质载体，它们承载着丰富的历史、艺术和文化价值。这些历史建筑不仅是建筑物本身，更是大运河文化的见证者和传承者。

大运河历史建筑具有极高的历史价值，是大运河历史的见证，记录了运河的兴衰和发展。通过研究这些历史建筑，可以了解大运河的历史变迁、交通运输方式以及社会经济发展的脉络。这些历史建筑是大运河文化的重要组成部分，对于了解和研究中国古代运河文化具有重要意义。

大运河历史建筑具有独特的艺术价值。这些建筑采用了传统的建筑技艺和风格，展现了中国古代建筑的独特魅力。无论是宫殿、庙宇还是民居，都融合了中国传统建筑的特点，如斗拱、琉璃瓦、雕花窗等，形成了独特的艺术风貌。这些历史建筑不仅是艺术品，更是文化遗产，对于保护和传承中国传统建筑艺术具有重要意义。

大运河历史建筑还具有丰富的文化价值，是大运河文化的重要组成部分，反映了当时社会的风俗习惯、宗教信仰和生活方式。通过参观这些历史建筑，人们可以感受到古代运河文化的魅力，了解当时的社会生活和人们的精神追求。这些历史建筑也是文化交流的桥梁，吸引了众多游客和文化爱好者前来参观和学习。

在景观建设中，大运河历史建筑被广泛应用，能够直观地展示大运河的历史和文化风貌。通过保护和利用这些历史建筑，可以形成具有独特魅力的景观特色。例如，将历史建筑与现代建筑相结合，打造具有古典与现代交融的景观；将历史建筑融入自然景观中，形成与自然环境相协调的景观；将历史建筑作为旅游景点，吸引游客前来观光和体验。通过这些方式，不仅可以保护和传承大运河的历史和文化，还可以促进旅游业的发展，推动地方经济的繁荣。

大运河历史建筑是大运河文化的物质载体，具有极高的历史、艺术和文化价值。通过保护和利用这些历史建筑，可以形成具有独特魅力的景观特色，同时可以促进旅游业的发展和经济的繁荣。所以，我们应该重视大运河历史建筑的保护和利用，将其作为重要的文化遗产来传承和弘扬。

（1）扬州个园

扬州个园（图 9-2），作为一座典型的江南私家园林，不仅在扬州地区享有盛誉，更是大运河沿线的重要历史建筑之一。园林以其独特的景观设计而闻名于世，巧妙地融合了石、水、植物等元素，将自然与建筑完美地融为一体。在个园的景观设计中，石头是不可或缺的元素之一。园内的假山巧妙地运用了各种形状和大小的石头，形成了错落有致的景观。不仅增添了园林的层次感，还为游客提供了一个休憩和观赏的好去处。石头的质感和色彩也为整个园林增添了一份古朴和自然的美感。水是扬州个园的另一个重要元素。园内的小桥流水、池塘湖泊等水域景观，为游客带来了一份宁静和舒适。水面上的倒影和波光粼粼的景象，让人仿佛置身于一个梦幻的世界。水也是扬州园林的独特之处，它不仅为园林增添了一份生机和活力，还为游客提供了一个欣赏美景和放松心情的好地方。植物是扬州个园中另一个重要的景观元素。园内的花草树木繁茂，形成了一片绿色的海洋。不同季节的花卉盛开，给园林增添了生机和活力。同时，植物也为游客提供了一个亲近自然的机会，让人们可以感受到大自然的力量和美丽。除了景观设计，扬州个园内的历史建筑也充分展现了扬州园林的独特魅力。园内的楼台亭阁、假山水池等建筑，融合了传统的江南建筑风格和现代的设计手法，给人一种古典与现代相结合的感觉。这些历史建筑不仅是扬州园林的瑰宝，也是大运河文化的重要见证。

图 9-2　扬州个园

当游客游览扬州个园时，不仅可以欣赏到精美的园林美景，还可以感受浓郁的大运河文化氛围。园内的历史建筑和文化遗迹，让人们感受到扬州作为大运河沿线城市的独特魅力。在这里，游客可以漫步于小桥流水之间，感受江南水乡的风情；也可以坐在亭阁之中，品味扬州园林的独特韵味。无论是欣赏美景还是领略文化，扬州个园都能给人们带来难忘的体验。

（2）北京通州运河公园

北京通州运河公园（图 9-3）是一个以大运河历史文化为主题的公园。公园位于北京市通州区，占地面积广阔，拥有丰富的历史文化底蕴。在公园内，游客可以欣赏到古老的运河河道、码头和桥梁等历史建筑。这些历史建筑不仅成了公园的景观亮点，也向游客展示了北京作为大运河北起点城市的重要地位。

图 9-3 通州运河公园

　　运河河道是公园的核心景点之一。这条古老的运河曾经是北京地区最重要的水上交通要道，承载着丰富的历史记忆。游客可以在河边漫步，欣赏河水风光，感受运河的历史韵味。公园内的码头也是游客们喜欢的地方。这些码头曾经是货物装卸和船只停靠的重要场所，见证了大运河的繁荣与兴衰。现在，这些码头被改造成了休闲区域，游客们可以在这里坐下来休息，欣赏运河美景，感受古老码头的独特魅力。公园内的桥梁也是一道亮丽的风景线。这些桥梁横跨在运河上，连接着两岸。不仅具有实用性，还融入了古代建筑的风格和特色，给人一种古朴而庄重的感觉。游客们可以在桥上漫步，欣赏运河两岸的美景，感受桥梁带来的历史氛围。

　　除了以上景点，公园还设有一些展览馆和文化设施，向游客们展示大运河的历史和文化。游客们可以通过参观展览和参与互动活动，更加深入地了解大运河的起源、发展和影响。北京通州运河公园以其独特的历史文化主题吸引了众多游客。在这里，游客们可以欣赏古老的运河河道、码头和桥梁等历史建筑，感受大运河的魅力和重要性。无论是欣赏美景还是了解历史，运河公园都能给游客带来难忘的体验。

2. 大运河文化遗产在景观建设中的应用

大运河文化遗产包括大运河沿线的古遗址、古墓葬、古建筑等，这些文化遗产在景观建设中被充分挖掘和利用，能够为游客提供更加丰富的文化体验。通过对这些文化遗产的保护和展示，可以增强游客对大运河文化的认识和了解，提高景观的吸引力和教育价值。

大运河作为中国古代最重要的水利工程之一，其沿线分布着众多具有历史和文化价值的古遗址、古墓葬和古建筑。这些遗产不仅是大运河历史的见证，也是中华民族传统文化的重要组成部分。在景观建设中，对这些文化遗产进行充分挖掘和利用，可以为游客提供更加丰富多样的文化体验。

通过对大运河沿线古遗址的保护和展示，游客可以深入了解大运河的历史沿革和文化内涵。古遗址是大运河历史的重要遗迹，记录了古代运河的修建、维护和使用情况，反映了当时社会经济、政治和文化的发展状况。通过参观古遗址，游客可以亲身感受古代运河的壮丽景象，了解运河对于中国历史和文化的重要意义。

古墓葬是大运河文化遗产中不可或缺的一部分。在大运河沿线，有许多古代贵族和名人的墓葬，这些墓葬不仅展示了古代墓葬建筑的独特风格，还反映了当时的社会风俗和宗教信仰。通过对古墓葬的保护和展示，游客可以了解到古代人们对于生命和死亡的态度，感受到古代社会的文化底蕴。

大运河沿线还有许多古建筑，如古代码头、桥梁、仓库等。这些古建筑不仅是大运河交通和贸易的重要设施，也是古代建筑艺术的杰作。通过对这些古建筑的保护和修复，游客可以欣赏到古代建筑的精湛工艺和独特魅力，了解古代运河城市的繁荣和发展。

（1）徐州汉文化景区

徐州汉文化景区（图9-4）位于大运河沿岸，它有徐州地区保存最为完好的汉代墓葬群。这个景区以其独特的汉代墓葬风格和精美的石刻艺术而闻名于世。

图 9-4　徐州龟山汉墓

在徐州汉文化景区内，游客可以欣赏到一系列令人瞩目的汉代墓葬。这些墓葬以其独特的建筑风格和精美的装饰而吸引着无数游客的目光。无论是墓室的设计还是墓碑的雕刻，都展现出了汉代人民对死者的崇敬和对生命的尊重。游客们可以在这里感受到古代人们对于死后世界的追求和信仰。

除了欣赏汉代墓葬的独特风格，徐州汉文化景区还提供了丰富的展览和教育设施，使游客能够更深入地了解汉代文化和历史。在景区内的展览馆中，游客可以欣赏到大量的文物和艺术品，这些展品生动地展示了汉代社会的各个方面，包括政治、经济、军事、艺术等。通过观看这些展品，游客们可以更加全面地了解汉代的历史和文化。

徐州汉文化景区还设有专门的教育设施，为游客提供一系列有趣的教育活动。例如，游客可以参加汉代文化讲座，听取专家的讲解，深入了解汉代的历史和文化。还可以参加手工艺品制作活动,亲手制作一些与汉代文化相关的手工艺品,增加对汉代文化的亲身体验。

徐州汉文化景区是一个让人们能够近距离感受汉代文化和历史的绝佳场所。在这里,游客们可以欣赏到汉代墓葬的独特风格和石刻艺术,同时可以参观展览和参加教育活动,深入了解汉代的历史和文化。无论是对于历史爱好者还是对文化艺术感兴趣的人,徐州汉文化景区都是一个不容错过的地方。

(2)山东曲阜孔庙

山东曲阜孔庙是(图9-5)中国古代著名的文化遗址之一,也是大运河沿线的重要文化遗产。这座宏伟壮丽的孔庙位于山东省曲阜市,建于公元前478年,是为了纪念中国古代伟大的思想家、教育家孔子而建立的。

图9-5 山东曲阜孔庙

进入孔庙内,游客们会被其庄严肃穆的氛围所吸引。整个建筑群布局严谨,规模宏大,占地面积约10万平方米,殿堂466间。孔庙的主体建筑包括大成殿、东西庑、东西配殿等,这些建筑都采用了传统的中国宫殿式建筑风格,展现了中国古代建筑的精湛技艺和博大精深的文化内涵。大成殿是孔庙的核心建筑，也是祭祀孔子的主要场所。这座巍峨的建筑殿高 24.8 米，拥有九重檐，屋顶上覆盖着琉璃瓦，熠熠生辉。殿内供奉着孔子的神像，游客们可以在这里向孔子表达敬意，了解他对中国文化的巨大影响。

除了大成殿，孔庙内还有许多其他的建筑和景点值得游客们探索。东西庑是孔庙两侧的建筑，用于存放孔子的弟子们的遗物和书籍。这里陈列着大量的文物和古代文献，展示了孔子及其弟子们的智慧和学识。孔庙还设有展览和教育设施，使游客能够更深入地了解中国古代文化和历史。在展览馆中，游客们可以欣赏各种珍贵的文物和艺术品，了解孔子的思想和学说对中国文化的影响。同时，孔庙还开设了讲座和培训班，为游客们提供学习和交流的机会。

山东曲阜孔庙是一座具有重要历史和文化价值的遗址，不仅是中国古代建筑艺术的杰作，也是传承和弘扬中国传统文化的重要场所。无论是对于学术研究者还是普通游客来说，孔庙都是一个不可错过的地方，它让人们能够亲身感受到中国古代文化的博大精深和独特魅力。

3. 大运河文化元素在景观设计中的应用

在大运河景观设计中，设计师们经常运用大运河文化元素来体现大运河的历史和文化，包括大运河的河道、桥梁、船只、码头等，以及与大运河相关的文化符号和图案等。通过将这些元素巧妙地融入景观设计中，能够营造出浓郁的大运河文化氛围，提升景观的艺术价值和观赏体验。

设计师们会充分利用大运河的河道作为景观设计的基础。大运河是中国最长的人工河，其河道蜿蜒曲折，充满了历史的痕迹。设计师们会在河道两侧种植各种花草树木，打造美丽的河岸景观。还会利用河道的形状和曲线来设计景观布局，使整个景观更加流畅自然。

桥梁是大运河景观设计中不可或缺的元素之一。大运河上有许多历史悠久的古桥，如杭州的断桥、苏州的平江路桥（图 9-6）等。设计师们会将这些古桥融入景观设计中，使其成为景观的一部分。在桥梁上设置观景台或休息区，让人们可以欣赏大运河两岸的美景。

图 9-6　苏州的平江路桥

　　船只也是大运河景观设计中的重要元素之一。大运河是一个重要的水上交通通道，设计师们会利用船只来增加景观的趣味性和互动性。在河道上设置游船码头，供游客乘坐游船游览大运河。还会设计一些有特色的船只，如传统的木船或仿古的画舫（图 9-7），以增加景观的独特性。

图 9-7　仿古的画舫

与大运河相关的文化符号和图案也是设计师们常常运用的元素之一。大运河承载着丰富的历史文化，设计师们会将这些文化符号和图案融入景观设计中，以展示大运河的独特魅力。例如，在景观中设置一些雕塑或壁画，描绘大运河的历史场景或传统工艺，让人们更好地了解和感受大运河的文化内涵。

通过巧妙地运用大运河文化元素，设计师们能够在景观设计中营造出浓郁的大运河文化氛围，提升景观的艺术价值和观赏体验。不仅能够让人们在欣赏美景的同时感受大运河的历史和文化，还能够促进旅游业的发展，推动大运河的保护和传承。

（1）杭州西湖景区

杭州西湖景区（图9-8）是大运河沿线著名的风景区之一，也是中国园林艺术的代表。在景区内，设计师们巧妙地运用了大运河文化元素，如船只、桥梁、水池等，营造出浓郁的大运河文化氛围。游客们可以在这里感受到大运河的悠久历史和独特魅力。

图9-8 杭州西湖景区

除了自然美景，西湖景区还设有各种文化活动和表演场所，为游客提供丰富的文化体验。例如，每年的西湖音乐喷泉秀吸引了众多游客前来观赏。这场壮观的表演将音乐与水柱完美结合，呈现出绚丽多彩的光影效果，让人仿佛置身于梦幻的世界。

西湖景区还定期举办各种传统文化活动，如龙舟比赛、茶艺表演等。这些活动不仅展示了中国传统文化的魅力，也为游客提供了一个亲身参与的机会。游客们可以亲自划龙舟，感受划船的乐趣；还可以品尝正宗的龙井茶，领略茶文化的博大精深。

西湖景区还有许多历史文化遗迹和博物馆，让游客们更深入地了解杭州的历史和文化。比如，位于西湖南岸夕照山上的雷峰塔是一座古老的佛塔，建于北宋时期，是中国现存最古老的木塔之一。登上雷峰塔，游客可以俯瞰整个西湖美景，感受历史的厚重感。

（2）苏州古运河景区

苏州古运河景区（图9-9）是大运河沿线著名的风景区之一，也是苏州重要的文化遗产。景区以其独特的大运河文化元素而闻名，包括河道、船只和桥梁等，营造出了浓郁的大运河文化景观。

图9-9　苏州古运河夜景

在古运河景区内，设计师们巧妙地运用了大运河文化元素，将它们融入景区的设计中。河道蜿蜒曲折，仿佛穿越了时光的长河，让人感受到古老的韵味。沿途的船只穿梭其中，为游客提供了一种独特的交通方式，展示了古代运河贸易的繁荣景象。桥梁则是连接两岸的重要通道，每座桥梁都有着独特的建筑风格和历史故事，让人们在欣赏美景的同时能感受到历史的厚重。

除了美丽的景观，古运河景区还设有展览和教育设施，使游客能够更深入地了解大运河文化和历史。在展览馆内，游客可以欣赏到大量的文物和艺术品，这些展品生动地展示了大运河的历史变迁和文化传承。同时，景区还开设了各种教育活动，如讲座、工作坊等，让游客能够亲身参与其中，学习更多关于大运河的知识。

苏州古运河景区以其独特的大运河文化元素和丰富的展览教育设施，吸引了众多游客前来参观。在这里，人们不仅可以欣赏到美丽的景色，还能够深入了解大运河的历史和文化，感受古老文明的魅力。无论是对本地居民还是外地游客来说，古运河景区都是一个不可错过的旅游地点。

4. 大运河传统工艺在景观建设中的运用

大运河传统工艺包括陶瓷、剪纸、刺绣等非物质文化遗产，这些工艺在景观建设中被充分挖掘和利用。通过将传统工艺与景观设计结合，提升景观的文化价值和艺术魅力。例如，将大运河沿岸的传统陶瓷工艺运用到景观设计中，以展示大运河文化的独特魅力。还可以将剪纸、刺绣等传统工艺元素融入景观设计中，以增强景观的文化内涵和艺术表现力。

在大运河沿岸的景观建设中，传统工艺的运用不仅能够展示当地独特的文化特色，还能够为游客提供更加丰富的观赏体验。例如，在公园或景区中设置陶瓷工坊，让游客亲身参与制作陶瓷作品，感受传统工艺的魅力。同时，还可以设置展览馆或博物馆，展示当地传统工艺的历史和发展过程，让游客更好地了解和欣赏这些非物质文化遗产。

除了在景观建设中的运用，传统工艺还可以成为当地的文化产业。通过培训和传承，吸引更多的年轻人参与传统工艺的创作和生产中，推动传统工艺的创新和发展。同时，可以通过举办展览、市集等活动，将传统工艺产品推向市场，增加其经济价值和文化影响力。

（1）北京通州运河瓷画艺术馆

北京通州运河瓷画艺术馆（图9-10）是一个以大运河历史文化为主题的

公共艺术品。在景观建设中，艺术家们运用了传统的瓷画技艺，创作了一系列反映大运河历史和文化的瓷画作品。这些作品被镶嵌在公共场所的墙壁上，为游客提供了丰富的视觉享受和文化体验。这个艺术馆位于北京市通州区，是一个重要的文化景点。以大运河为主题，通过瓷画的形式展现了这条古老运河的历史和文化。艺术家们精心创作了一系列瓷画作品，每一幅作品都生动地描绘了大运河不同时期的不同场景。这些瓷画作品不仅具有艺术价值，还承载着丰富的历史文化内涵。它们展示了大运河在中国历史上的重要地位和作用。从古代到现代，大运河一直是中国经济发展和文化传承的重要纽带。通过这些瓷画作品，游客可以了解大运河的起源、发展和变迁，感受它对中国社会的影响和贡献。

图 9-10　北京通州运河瓷器艺术馆

除了展示大运河的历史和文化，这个艺术馆还为游客提供了一个独特的视觉享受。瓷画作品的色彩鲜艳、图案精美，给人一种美的享受。当游客漫步在艺术墙前，他们可以欣赏到一幅幅栩栩如生的瓷画作品，仿佛置身于一个充满艺术氛围的世界。这个艺术馆还为游客提供了一个了解中国传统文化的机会。瓷画作为中国传统的艺术形式之一，具有悠久的历史和独特的魅力。通过欣赏这些瓷画作品，游客可以深入了解中国传统绘画的技巧和风格，感受中国文化的博大精深。

（2）扬州剪纸博物馆

扬州剪纸博物馆（图9-11）是一个专门展示和传承扬州剪纸这一非物质文化遗产技艺的场所。在景观建设中，设计师们巧妙地运用了扬州剪纸的元素和技艺，如花鸟鱼虫、人物故事等，营造出了独特的剪纸艺术景观。这些景观不仅展示了扬州剪纸的独特魅力，还为游客提供了一个欣赏和学习的机会。

扬州剪纸博物馆还设有展览和教育设施，使游客能够更深入地了解扬州剪纸的历史和文化传承。展览区陈列着各种精美的剪纸作品，展示了不同时期和风格的剪纸艺术。游客可以通过观赏这些作品，感受扬州剪纸的独特之处，了解剪纸艺术家们的精湛技艺和创作灵感。

扬州剪纸博物馆还设有教育设施，为有兴趣学习和体验剪纸艺术的人提供了机会。在这里，游客可以参加剪纸工作坊，亲自动手制作属于自己的剪纸作品。专业的剪纸艺术家会指导游客如何运用剪刀和纸张，创造出美丽的剪纸作品。通过亲身参与，游客们不仅可以感受剪纸艺术的乐趣，还能够更好地理解剪纸技艺的精妙之处。

图9-11 扬州剪纸博物馆

三、中国大运河文化在大运河国家文化公园的展示与传播

大运河国家文化公园是中国政府为保护和传承大运河文化而设立的重要项目。以下分别从展示内容、展示形式与手段、传播渠道与策略以及国际交流中的地位与影响四个方面，探讨大运河文化在大运河国家文化公园中的展示与传播。

1. 大运河国家文化公园的展示内容

大运河国家文化公园是一个集历史、文化、自然景观和文化遗产于一体的综合性展示区域。它以大运河为主题，通过丰富多彩的展示内容，向游客展示大运河的历史沿革、文化底蕴、自然风光以及珍贵的文化遗产。

在历史方面，大运河国家文化公园通过设立大运河历史博物馆，为游客提供了一个了解大运河起源、发展历程和历史事件的机会。博物馆内收藏了大量的文物和史料，从春秋时期到明清时期，展示了大运河在不同历史时期的演变过程，以及它在中国古代政治、经济和文化等方面所扮演的重要角色。

在文化方面，公园内复原了多个历史时期的建筑和设施，如古代的粮仓、码头、桥梁等，以及传统的手工艺作坊和商业街区。参观复原的场景和设施，游客可以更加直观地感受到大运河沿岸城市和乡村的生活风貌，了解当地的民俗风情和传统艺术形式。

在自然景观方面，大运河国家文化公园保留了大运河沿岸的自然风光，如湿地、河道、湖泊等，以及传统的农业景观和生态景观。游客可以在这里欣赏大自然的美丽景色，感受人与自然和谐共生的美好状态。

在文化遗产方面，公园内保存了大量的历史遗迹和文物，如古代的碑刻、石雕、建筑等，以及传统的手工艺品和民间艺术作品。这些遗产不仅具有极高的艺术价值，也是大运河文化的重要组成部分。它们见证了大运河的历史变迁和文化传承，为游客提供了深入了解大运河文化的窗口。

以大运河国家文化公园的江苏段为例，这里展示了以上所述的各个方面

的内容。游客可以通过参观大运河历史博物馆，了解大运河的起源和发展历程；在公园内复原的历史建筑和设施中，亲身体验大运河沿岸的城市和乡村生活；欣赏大运河沿岸的自然风光和传统农业景观；同时，还可以欣赏到大量的历史遗迹和文物，感受大运河文化的魅力。

大运河国家文化公园通过丰富多彩的展示内容，向游客展示了大运河的历史、文化、自然景观和文化遗产。它是一个了解大运河文化、感受大自然魅力的理想场所。无论是对历史文化感兴趣的人，还是喜欢自然风光的人，都可以在这里找到自己的乐趣。

2. 大运河文化的展示形式与手段

大运河文化的展示形式与手段多种多样，旨在通过不同的方式向游客展示这一丰富而独特的文化遗产。传统展示方式包括文字、图片、模型等，这些方式通过直观的展示和解说，使游客能够更加深入地了解大运河的历史和文化。例如，公园内设有多个历史文物陈列馆，展示不同时期的大运河历史和文化，通过丰富的文物和史料，让游客感受大运河的辉煌过去。此外，公园还设有多个文化展示区，通过文字、图片、模型等形式，展示传统的手工艺、建筑、民俗等方面内容，让游客亲身感受大运河的独特魅力。

现代展示方式如多媒体、虚拟现实等也被广泛应用于大运河文化的展示中。公园内设有多个多媒体展示区，通过影像、音效等多媒体手段，生动地再现了大运河的历史和文化场景。通过这些展示区，游客仿佛穿越时空，亲身感受大运河的壮丽景色和悠久历史。此外，公园还设有多个虚拟现实体验区，利用虚拟现实技术让游客身临其境地体验大运河的历史和文化。通过虚拟现实技术，游客可以参与古代船只的航行，参观古代运河沿岸的建筑等，增强了对大运河文化的沉浸感和互动性。

公园还通过开展各种活动如文艺演出、民俗活动等，让游客更加深入地了解大运河文化。定期举办文艺演出和民俗活动，如传统音乐表演、民间舞蹈表演、传统手工艺制作等，不仅展示了大运河文化的内涵和特点，也让游客参与其中，增加了互动性和体验感。这些活动不仅丰富了游客的游览内容，也让他们更加深入地了解和感受到大运河文化的魅力。

3. 大运河文化的传播渠道与策略

大运河文化的传播渠道主要包括官方媒体、社交媒体和旅游推广活动等。官方媒体如电视台、报纸等权威机构通过发布信息，向公众传递大运河文化的价值。这些媒体的报道和专题节目能够提供全面而准确的信息，帮助公众更好地了解大运河的历史、文化和价值。

社交媒体则通过分享个人体验和故事，增强大运河文化的吸引力和感染力。在社交媒体平台上，人们可以分享自己在大运河旅行中的照片、视频和感受，让更多人了解大运河的魅力。此外，意见领袖和网红的参观和分享也能够吸引更多人关注和参与大运河文化的传播。

旅游推广活动则通过各种形式的宣传和推广，吸引更多游客前来参观和体验大运河文化。

以大运河国家文化公园的浙江段为例，采用了以下传播渠道与策略。

官方媒体方面，浙江省旅游局与多家主流媒体建立了战略合作伙伴关系，通过电视、广播、报纸等官方媒体发布关于大运河国家文化公园的新闻报道和专题节目。这些报道和节目能够向公众传递大运河文化的价值和魅力，提高公众对大运河的认知度和兴趣。

社交媒体方面，浙江省旅游局在多个社交媒体平台上开设了大运河国家文化公园的官方账号，通过发布图片、视频和文章等多种形式的内容来展示大运河文化的魅力。这些内容能够吸引年轻人的关注，让他们更加了解和喜爱大运河文化。此外，浙江省旅游局还积极邀请意见领袖和游客们来参观并分享他们的体验和感受，进一步扩大大运河文化的影响力。

旅游推广活动方面，浙江省旅游局定期组织旅游推广活动，如大运河国家文化公园主题游、摄影比赛和文化节庆活动等。这些活动旨在吸引更多游客前来参观和体验大运河文化，同时为当地经济发展带来了积极的影响。通过举办这些活动，浙江省旅游局能够提高大运河国家文化公园的知名度和吸引力，吸引更多游客前来参观和消费，促进当地旅游业的发展。

4. 大运河文化在国际交流中的地位与影响

作为世界文化遗产，大运河文化吸引了来自世界各地的游客前来参观和学习。同时，大运河文化也成了中国与世界各国进行文化交流和合作的重要平台。通过参与国际文化交流活动、举办国际学术会议等方式，大运河国家文化公园不断提升大运河文化在国际上的知名度和影响力。这不仅有助于弘扬中华文化的优秀传统，也能够促进世界文化的多样性和繁荣发展。

以大运河国家文化公园的北京段为例，这里展示了以下大运河文化在国际交流中的地位与影响。

（1）北京的大运河国家文化公园是中国大运河文化的重要代表之一，也是世界文化遗产的重要组成部分。这里保存了大量的大运河历史遗迹和文物，如著名的通州大运河、卢沟桥等，这些文化遗产吸引了来自世界各地的游客前来参观和学习。游客们可以在这里感受到大运河的历史底蕴和文化魅力，深入了解中国古代水利工程的伟大成就和对社会经济的深远影响。

（2）北京的大运河国家文化公园积极参与国际文化交流活动，如"一带一路"文化交流、国际艺术展览等，通过这些活动向世界展示了大运河文化的独特魅力和中华文化的优秀传统。这些活动不仅为国内外艺术家提供了展示作品的平台，也为不同国家和地区的文化交流搭建了桥梁。通过艺术展览和文化交流活动，大运河国家文化公园成功地将大运河文化推上世界舞台，让更多人了解和欣赏到这一独特的文化遗产。

（3）北京的大运河国家文化公园还举办了多次国际学术会议和论坛，吸引了众多国内外专家学者共同探讨大运河文化的保护、传承和发展。这些会议和论坛不仅提升了大运河文化的国际影响力，也为中国与世界各国的文化交流和合作提供了重要的平台。通过学术交流和合作，各国专家学者可以分享彼此的经验和研究成果，共同推动大运河文化的保护和传承工作。

（4）北京的大运河国家文化公园还与多个国际合作伙伴建立了战略合作关系，共同推动大运河文化的传承和发展。这些合作伙伴包括世界文化遗产组织、国际古迹遗址理事会等国际组织，以及多个国家的文化机构等。通过合作，大运河国家文化公园不仅得到了国际上的认可和支持，也为中华文化的传承和发展作出了重要贡献。合作伙伴的支持和资源帮助大运河国家文化公园更好地开展保护、研究和展示工作，进一步提升了大运河文化在国际上的地位和影响力。

四、中国大运河文化在大运河国家文化公园的可持续发展

大运河国家文化公园作为中国大运河文化的重要载体和展示平台，其可持续发展对于保护和传承大运河文化、促进区域生态和经济社会发展具有重要意义。以下从大运河文化的保护与传承、大运河国家文化公园的生态可持续发展、大运河国家文化公园的经济社会发展以及大运河国家文化公园的管理与运营机制四个方面，探讨中国大运河文化在大运河国家文化公园的可持续发展。

1. 大运河文化的保护与传承

大运河文化的保护与传承是大运河国家文化公园可持续发展的核心。为了实现这一目标，以下措施将起到重要作用。

（1）加强文物和历史建筑的保护

大运河沿岸的历史建筑和文物承载着丰富的历史文化信息，对于保护和修缮这些遗产，应采取有效措施确保其历史风貌和价值的延续。这包括定期进行维护和修复工作，加强对周边环境的治理和管控，防止对文物和历史建筑造成破坏。应建立完善的保护机制，制定相关法律法规，加大对非法破坏行为的打击力度。

（2）传承传统技艺和文化

大运河沿岸拥有丰富多样的传统技艺和文化，如雕刻、绘画、音乐等。为了促进这些传统技艺和文化的传承和发展，可以开展文化传承活动，如举办传统技艺展览、演出和培训班等，让游客更直观地了解和体验这些传统技艺和文化。此外，还可以设立技艺展示区，为传统技艺的传承者提供展示和交流的平台，激发他们的创造力和热情。

（3）加强教育和宣传

通过开展各类教育和宣传活动，可以提高公众对大运河文化的认识和了解，增强大众的文化自觉和保护意识。这可以通过举办讲座、展览、文化节

等形式来实现。同时，还应加强对青少年和大学生的教育力度，培养更多的文化遗产保护专业人才。可以开设相关课程，组织实地考察和实践活动，让学生深入了解大运河文化的价值和意义，激发他们对文化遗产保护的兴趣和热情。

大运河文化的保护与传承是一项长期而艰巨的任务，需要政府、社会各界和个人共同努力。通过加强文物和历史建筑的保护、传承传统技艺和文化以及加强教育和宣传，我们可以确保大运河文化得到妥善保护和传承，为后代留下宝贵的文化遗产。

2. 大运河国家文化公园的生态可持续发展

大运河国家文化公园的生态可持续发展是确保大运河文化得以持续传承和发展的重要保障。为了实现这一目标，以下措施将起到积极的作用。

（1）加强生态保护和水质治理是至关重要的

由于大运河沿岸生态环境脆弱，需要采取一系列有效的措施来保护生态环境。例如，建立生态保护区，限制污染源排放，以减少对生态环境的破坏。同时，加强对水质的监测和管理也是必不可少的，只有确保水质达到相关标准，才能保障大运河生态环境的健康和稳定。

（2）推广绿色能源和低碳旅游也是实现生态可持续发展的重要举措

在公园的建设和运营过程中，应该积极倡导绿色能源和低碳旅游理念。例如，建设太阳能充电站，鼓励游客使用公共交通工具等，以减少能源消耗和碳排放量。通过这些措施，实现绿色发展和可持续发展的目标，为后代创造一个更加美好的环境。

（3）发展生态旅游和绿色产业也是促进区域经济可持续发展的重要途径

在保障生态环境的前提下，应该积极发展生态旅游和绿色产业。例如，开发绿色食品、推广生态旅游线路等，不仅能够增加经济收入和就业机会，还能够促进区域经济的可持续发展。通过这些措施，实现经济效益和环境保护的双赢。

加强生态保护和水质治理、推广绿色能源和低碳旅游以及发展生态旅游和绿色产业是实现大运河国家文化公园生态可持续发展的关键措施。只有在保护生态环境的同时，才能够实现文化的传承和发展，为后代子孙留下一个更加美好的世界。

3. 大运河国家文化公园的经济社会发展

大运河国家文化公园的经济社会发展是大运河文化可持续发展的重要支撑。为了实现这一目标，以下措施将发挥重要作用。

（1）加强基础设施建设

完善公园内及周边的基础设施建设是提升游客出行便利性和舒适度的关键。包括改善道路、桥梁和公共交通等基础设施，确保游客能够方便地到达公园并畅游其中。同时要注重提高当地居民的生活条件和生活质量，推动城乡一体化发展。通过提供更好的基础设施，吸引更多游客前来参观，促进当地经济发展。

（2）推动产业升级和创新发展

鼓励传统产业向高端化、智能化方向发展，培育新兴产业和高新技术产业，是实现经济持续增长的重要举措。通过引入先进的技术和管理经验，提高产业的竞争力和创新能力，可以推动整个地区的经济发展。要注重创新驱动发展，加强科技创新和人才培养，提高区域整体创新能力和竞争力。只有不断创新，才能在激烈的市场竞争中立于不败之地。

（3）加强区域合作与交流

积极参与区域合作与交流活动，加强与其他地区的互动与合作，是实现共同发展的重要途径。通过共享资源、信息和技术等，可以推动区域协同发展，提升整体竞争力和影响力。例如，可以与其他地区的旅游景点合作，共同开展宣传推广活动，吸引更多游客前来参观。此外，还可以加强与其他地区的文化交流合作，共同举办文化艺术展览和演出，丰富游客的旅游体验。

通过加强基础设施建设、推动产业升级和创新发展以及加强区域合作与交流，大运河国家文化公园的经济社会发展将得到有力支持，为大运河文化的可持续发展奠定坚实基础。这些措施的实施不仅将提升公园的吸引力和竞争力，也将带动当地经济的繁荣和社会的进步。

4. 大运河国家文化公园的管理与运营机制

大运河国家文化公园的管理与运营机制是确保大运河文化可持续发展的重要保障。为了实现这一目标，以下措施将发挥重要作用。

（1）建立健全法律法规体系

制定和完善关于大运河国家文化公园管理和运营方面的法律法规，明确各方的权责利关系，规范管理和运营行为。注重法律法规的执行和监督力度，确保各项管理措施得以有效实施。

（2）强化政策支持与引导

政府应加大对大运河国家文化公园的投入力度，通过财政资金、税收优惠等政策手段，鼓励社会资本参与公园的建设和运营。加强对公园发展的规划引导，确保其发展方向与大运河文化保护和生态可持续发展相一致。

（3）优化管理架构与运营模式

建立健全大运河国家文化公园的管理架构，明确政府各部门的职责和分工。推动公园的运营模式向市场化、专业化方向发展，引入专业的文化旅游管理公司和团队，提高公园的管理水平和运营效率。注重发挥社会力量的作用，鼓励公众参与公园的管理和监督，提高公园的开放性和透明度。

（4）加强科研合作与技术创新

加强与高校、研究机构等在公园科研方面的合作，开展针对大运河文化和大运河生态环境的科研项目，为公园的保护、传承和发展提供科技支撑。鼓励在公园建设和运营中引入新技术、新方法，提高公园的科技含量和创新能力。

（5）拓展国际合作与交流平台

积极参与国际文化交流活动，加强与世界各地在大运河文化和大运河国家文化公园领域的合作与交流。通过互访、学术研讨、展览等活动，展示大运河文化的独特魅力，吸引更多的国际游客和投资者。借鉴国际上成功案例和经验做法，丰富和完善大运河国家文化公园的发展模式和管理机制。

通过以上措施的实施，大运河国家文化公园将能够更好地实现可持续发展目标。建立健全的法律法规体系将为公园的管理和运营提供有力的法律保障。政府的政策支持和引导将促进公园的建设和运营，吸引更多的社会资本参与其中。优化管理架构和运营模式将提高公园的管理水平和运营效率，充分发挥专业团队的作用。科研合作和技术创新将为公园的保护、传承和发展提供科技支撑。国际合作与交流平台的拓展将促进大运河文化的传播和推广，吸引更多的国际游客和投资者的关注和支持。通过这些努力，大运河国家文化公园将成为大运河文化的瑰宝，为人们提供丰富的文化体验和旅游资源。

参考文献

[1] 杨悦艺 . 中国大运河苏州段历史文化资源传承与创新探究 [J]. 泰州职业技术学院学报，2023（2）：51-54.

[2] 金费婷 . 大运河扬州段文化基因分析及保护传承研究 [D]. 苏州：苏州科技大学，2023.

[3] 吴殿廷，刘锋，卢亚，等 . 大运河国家文化公园旅游开发和文化传承研究 [J]. 中国软科学，2021（12）：84-91.

[4] 李帅康，徐长贵，张圆圆 . 论如何传承和保护中国大运河文化遗产 [J]. 南方农机，2019（8）：211.

[5] 郭文娟 . 京杭大运河济宁段文化遗产构成和保护研究 [D]. 济南：山东大学，2014.

[6] 于亚鹏 . 京杭大运河沿岸山东段传统商业建筑空间研究 [D]. 济南：山东艺术学院，2023.

[7] 杨轶男，张弘 . 市民文化视阈中的清代山东运河城市民间坊刻——以聊城书庄为中心的考察 [J]. 理论学刊，2012（6）：118-122.

[8] 范世宏，潘宝明，杨光 . 世界运河之都 [M]. 苏州：苏州大学出版社，2021.

[9] 上海社会科学院生态与可持续发展研究所，世界运河历史文化城市合作组织 . 世界运河古镇绿色发展报告 [M]. 上海：上海社会科学院出版社，2020.

[10] 何守强 . 潭蓬运河研究 [M]. 桂林：漓江出版社，2019.

[11] 王云 . 明清时期活跃于山东运河区域的客籍商帮 [C]// 中国明史学会，中山陵园管理局，南京大学历史系 . 第十届明史国际学术讨论会论文集 . 北京：人民日报出版社，2004：11.

[12] 宋云.扩大京杭运河容量推动区域经济发展 [C]//《决策与信息》杂志社，北京大学经济管理学院."决策论坛——经营管理决策的应用与分析学术研讨会"论文集（下）.决策与信息·下旬刊，2016：5.

[13] 李如玉.清代卫运河右岸区域的社会文化研究 [D].恩施：湖北民族大学，2023.

[14] 蒋鑫，林箐.运河水利支撑影响下的淮扬运河沿线区域传统风景体系特征研究 [J].中国园林，2022，38（9）：34-39.

[15] 宁波市大运河世界文化遗产保护实施办法 [N].宁波日报，2023-06-20（004）.

[16] 陈洁文.以更高眼界更大力度更实举措推进大运河文化遗产保护 [N].扬州日报，2021-10-15（003）.

[17] 王建国.大运河和长江文化遗产保护如何走深走实 [J].群众，2023（17）：15-16.

[18] 杨悦艺.中国大运河苏州段历史文化资源传承与创新探究 [J].泰州职业技术学院学报，2023（2）：51-54.

[19] 霍艳虹，李源.城市运河文化景观的公众意象感知——以扬州为例 [J].风景园林，2023（2）：89-96.

[20] 孙中亚，郑俊.面向实施的线性文化遗产保护利用规划编制思考——以大运河徐州段为例 [J].建筑与文化，2022（12）：170-173.

[21] 黄莉，刘忠国.我国大运河沿线特色文化遗产活态保护内涵及措施研究 [J].文物鉴定与鉴赏，2022（19）：170-173.

[22] 刘敏，张晓莉.国家文化公园：从文化保护传承利用到区域协调发展 [J].开发研究，2022（3）：1-10.

[23] 王含.徐州大运河文化遗产数字化保护研究 [J].华夏文化，2022（2）：52-55.

[24] [1]Chenshu Z, Xiaofei R，Jie Z, et al. Conservation and Communication Strategy for the Grand Canal Cultural Heritage with the Theoretical Framework of 5Cs[J]. International Journal of Education, Culture and Society, 2022, 7（2）.

[25] 向云驹. 论大运河国家文化公园的非物质文化遗产层级及其呈现 [J]. 中原文化研究，2022（2）：84-92.

[26] 郭俊杰，丁彦. 大运河常州段文化遗产的传承和保护对策研究 [J]. 美与时代（城市版），2022（2）：98-100.

[27] 胡梦飞. 山东省大运河国家文化公园建设路径与策略研究 [J]. 华北水利水电大学学报（社会科学版），2021（6）：24-29.

[28] Tan X，Li Y，Deng J，et al. Technical History of China's Grand Canal [M]. World Scientific Publishing Company，2019-09-24.

[29] Xuming T，Yunpeng L，Jun D，et al. Technical History of China's Grand Canal [M].World Scientific Publishing Company，2019-09-24.

[30] 文化创新. 第四届中国大运河文化节在淮安举办 [M]// 荀德麟，窦立夫主编. 淮安年鉴. 北京：方志出版社，2009：211.

[31] 孟德龙. 扬州中国大运河博物馆扬州中国大运河博物馆宛如镶嵌在三湾生态文化公园的一颗明珠 [M]// 赵庆红，徐志刚主编. 扬州年鉴. 扬州：广陵书社，2022：65-66.

[32] 彭程雯. 运河景观使用状况评价研究——以中国大运河浙江段为例 [D]. 杭州：浙江农林大学，2015.